世界
经典阅读

项目策划／庄智象
项目统筹／庄若科
项目研发／上海时代教育出版研究中心

Español

西班牙语 经典课文

选 读

主编／陆经生 陈旦娜

分册主编／丁昕云 姚洁

初级
上

上海译文出版社

图书在版编目（CIP）数据

西班牙语经典课文选读．初级．上／陆经生，陈旦娜主编；丁昕云，姚洁分册主编．—上海：上海译文出版社，2024.1
（世界经典阅读）
ISBN 978-7-5327-9490-4

Ⅰ.①西… Ⅱ.①陆…②陈…③丁…④姚… Ⅲ.①西班牙语—语言读物 Ⅳ.①H349.4

中国国家版本馆 CIP 数据核字（2024）第 001431 号

西班牙语经典课文选读（初级上）
主　编　陆经生　陈旦娜
分册主编　丁昕云　姚　洁
责任编辑　庄　雯
装帧设计　胡　枫　罗莉雅
插　图　猫井 Luna
内文图片　P36 Austin Pacheco；Janko Ferlič

上海译文出版社有限公司出版、发行
网址：www.yiwen.com.cn
201101　上海市闵行区号景路 159 弄 B 座
上海景条印刷有限公司印刷

开本 787×1092　1/16　印张 6.75　字数 194,000
2024 年 1 月第 1 版　2024 年 1 月第 1 次印刷
印数：0,001-3,000 册

ISBN 978-7-5327-9490-4/H·1594
定价：48.00 元

世界经典阅读

编写委员会
（按姓氏笔画顺序排列）

微信扫码
听课文朗读音频

外语教材既可作为获得语言基本技能的工具，又是中外文化文明学习交流的桥梁和纽带，是外语教学体系的重要组成部分，也是确保教学内容和进度安排、保证教学质量不可或缺的要素。外语能力虽然有听说读写译之分，但阅读是发展语言能力的重要环节和基础，既为听说写译的学习操练提供语言素材，又是学习了解语言对象国社会历史发展、国情文化知识的重要途径。关于读书的重要性，中国有"读万卷书，行万里路"的古训，西班牙语也有大文豪塞万提斯的名言："El que lee mucho y anda mucho, ve mucho y sabe mucho."（"读万卷书，行万里路，方能见多识广。"）

中国西班牙语教学始于中华人民共和国成立之初的 1952 年。初创时期教学资源非常匮乏，西班牙语教材和阅读材料短缺。在此后 70 年的发展历程中，中国西班牙语教学界一直很重视教材建设，编写了适合中国学生学习使用的各科教材，同时也有选择地引进西班牙语原版教材和阅读资料，按我所需作改编使用。迄今已经初步开发出配套的系列教材，能基本满足高等学校西班牙语专业教学和社会各类西班牙语课程教学的需求。

当今中国已全方位融入国际社会，交流广泛，可以通过纸质图书和网络资源等多种媒介轻松便捷地获取海量的语言文化学习资料。以西班牙语作为官方语言使用的国家和作为母语使用的人口数量众多。西班牙语在互联网上按用户数划分名列第三，仅次于英语和汉语，因此文献读物汗牛充栋。然而，如何在浩如烟海的资料和信息中遴选出一批主题思想和内容、语言俱佳的经典课文，为中国的西班牙语学习者提供语言地道规范、内容丰富多元、思想积极向上的西班牙语阅读材料，是促进西班牙语学习健康发展、提高西班牙语教学质量的重要一环。为此，我们编写了这套《西班牙语经典课文选读》丛书，奉献给广大的西班牙语学习者。

在策划编写本套丛书之初，我们在选篇方面特别考虑了以下两点：

首先，确保丛书能展现地道规范的西班牙语。西班牙语拥有历史悠久、底蕴深厚的社会文化，是当之无愧的国际通用语言。我们通过多种渠道和不同方式，从丰富多彩的语料语篇中搜寻适合西班牙语学习者阅读的语段语篇，建成一个汇集 3000 多篇各类文章的小型语料库；然后借鉴西班牙、墨西哥、古巴、智利、厄瓜多尔、委内瑞拉、尼加拉瓜、阿根廷等主要西班牙语国家的教科书，按照编写宗旨和特点，从语料库中进行遴选；最后根据编写要求精心挑选了约 240 篇课文，编写成本套丛书，为读者提供语言可靠、原汁原味的阅读教材。

其次，力求丛书能广泛反映西班牙语的多种题材、体裁和丰富文化。入选课文的内容以反映西班牙语国家本国本地区社会文化为主，不仅提供语言学习的素材和样本，而且能对学生道德修养、审美情趣和思维方式产生潜移默化的影响。初级两册选篇都与"我和我的生活"这一主题有关。从文化常识和日常生活场景内容开始，话题涵盖"人物""家庭生活""生活中的事物""出游""动物""学习和成长""良好品德""友谊和团结"等，语言浅近，通俗易懂，有多篇儿歌童谣和谜语，充满童趣的用辞，富有韵律的语句，读起来朗朗上口，也富有教育意义，很适合少年儿童和成年初学者学习阅读。中高级选文体裁多样，有小说、说明文、诗歌、戏剧、散文、新闻报道、采访、人物传记、时事评论、书信和演讲文稿等。中级选篇围绕"我们生活的世界"展开，上下两册在单元设置上相互呼应，下册难度有所提升。高级分册的课文多选名家名作名篇，从被认为是西班牙语最古老文学典籍的著名英雄史诗《熙德之歌》，到拉美古代玛雅基切人的圣书《波波尔·乌》，从世界公认的大文豪塞万提斯的小说《堂吉诃德》和被誉为"第十位缪斯"的墨西哥女诗人克鲁斯的诗歌，到蜚声世界文坛的西班牙和拉美西语国家多位诺贝尔文学奖、塞万提斯文学奖、智利国家文学奖、墨西哥国家文学奖、阿根廷作家协会荣誉大奖、各国国家新闻奖得主的作品。高级下册将主题拓展至哲学、心理学、社会学、人类学以及经典科幻作品。

本套丛书选文绝大部分为西班牙语原创作品，同时选取若干篇从其他语种译入的作品，均为世界上广为流传的经典佳作名篇，如《伊索寓言》、儒勒·凡尔纳的《环游世界八十天》、卡夫卡的《变形记》、雨果奖和星云奖得主艾萨克·阿西莫夫的《双百人》等，其中卡夫卡的《变形记》为墨西哥、尼加拉瓜、委内瑞拉等多国教材普遍选用，从而使本套丛书成为名副其实的经典课本。

本套丛书精心设计整体结构，合理编排单元板块，由易到难，逐步增加阅读难度。全套教材分为初级、中级、高级 3 个级别，每个级别各有上下两册，共计 6 册，可满足初中、高中与大学一、二年级各阶段学生和社会上各类西班牙语自学者的学习和阅读之需，也可作为教材的拓展或有益的补充。每册约有 40 课，分为若干主题。每课设有中文导读、课文、注释、练习 4 个板块。

中文导读在初级课文中深入浅出地介绍主要内容并给予理解提示，中高级则言简意赅地概括选篇的作者和作品背景知识，提炼出选篇的语言风格特点和社会文化意义，真正给读者提供有益的阅读理解引导。高级课文中的导读有意区别于传统文学史介绍，使用平易近人的语言，以贴近读者，聚焦选文内容，激发读者对选文的阅读兴趣。

课文参照《普通高中西班牙语课程标准》《高等学校西班牙语专业基础阶段教学大纲》和《高等学校西班牙语专业高年级教学大纲》所列词汇表，并根据编者团队的教学经验，配有汉西双语词汇旁注。

注释提供重要的语法现象、难句解释和典故及社会文化知识。

练习的设计意在突出对重要语言文化知识的提示，把握学习的要点，引导读者拓展思维、深入思考，通过轻松阅读达到提升语言能力和专业素养的目的。

虽然本套丛书各册总体框架统一，但也充分释放出文本和编者之间的化学能，发挥编者的主观能动性，在个别环节的设计上留有灵活的空间，使每一册都具有自身的特点，例如：初级练习特别注重先输入后输出，学以致用；中级每篇课文包含一道拓展题，旨在引导学生进行深层次思考或拓展延伸阅读；高级除了增加阐释题外，下册设置了"译文雷达"板块，点拨学生合理利用译文克服阅读困难。

本套丛书的编写和出版得到了上海时代教育出版研究中心的指导和上海译文出版社的支持，借鉴了《世界经典英语课文选读》的编写经验，在此编者表示衷心的感谢！编者努力向中国西班牙语学习者提供理想的、能提升西班牙语学科核心素养的语料，以期帮助读者了解和学习多彩而灿烂的世界文化，实现文化交融、文明互鉴。编者团队来自上海外国语大学和上海外国语大学附属外国语学校的西班牙语专业教师，具有多年的西班牙语教学研究经验。然而，西班牙语使用区域广阔，文献更是不可胜数，本套丛书必定是挂一漏万。限于资源、时间和水平，书中难免有差错、谬误或不尽如人意之处，敬请读者们批评指正。

陆经生

2023 年 11 月

Índice 目录

Unidad 1

Lenguas y lectura 语言和阅读

Texto 1 — Lenguaje y lenguas
表达方式和语言

A PREPARARTE

在这篇课文里，我们将会认识 lenguaje 和 lengua 这两个词，知道世界上有哪些通用的语言。lenguaje 和 lengua 这两个词长得很像，它们有什么区别？在西班牙，人们说哪几种语言？

A LEER

El lenguaje y la lengua[1]

Las personas solemos comunicarnos a través del lenguaje, es decir, hablando o escribiendo[2].

Al hablar o escribir, utilizamos una lengua concreta: el español, el inglés, el francés… Cuando hablamos con alguien y nos entendemos es porque estamos utilizando[2] la misma lengua.

Yo soy Miguel. — castellano

Eu son Antía. — gallego

Las lenguas

En el mundo se hablan[3] muchas lenguas: inglés, francés, ruso, chino…

La lengua que estamos usando[2] en este momento es el castellano o español. Es una lengua que se habla en toda España y también en muchos países de América.

En algunos lugares de España, además del castellano, se hablan otras lenguas: gallego, vasco, catalán…

Em dic Jordi. — catalán

Ni Arantxa naiz. — vasco

1. lenguaje 和 lengua 都可以表示作为人类交际工具的"语言"这个概念。但前者还可以被用来说明具有具体风格特点的语言，比如 lenguaje literario（文学语言）、lenguaje diplomático（外交辞令）等，后者则没有这些搭配用法。

2. hablando 和 escribiendo 分别是动词 hablar（讲话）和 escribir（写字）的副动词形式，下文中的 utilizando 和 usando 也同样是副动词，分别对应动词原形 utilizar（运用）和 usar（使用）。副动词是动词的一种非人称形式，用于修饰句子中的主要动词，表示方式、状态、原因、条件等含义。

3. se hablan 是西班牙语动词自复被动形式，由及物动词加第三人称代词 se 组成，主语为接受动作的事物名词（受事主语），动词与主语保持单复数一致变位。

comunicarse *prnl.* 沟通，交流	castellano *m.* 卡斯蒂利亚语；西班牙语
a través de 通过，借助	gallego *m.* 加利西亚语
utilizar *tr.* 使用，利用	vasco *m.* 巴斯克语
concreto, ta *adj.* 具体的	catalán *m.* 加泰罗尼亚语

1. (　　) Fíjate y contesta. ¿Qué lengua se diferencia más del castellano?

castellano	catalán	gallego	vasco	francés
⬇	⬇	⬇	⬇	⬇
Bienvenidos.	Benvinguts.	Benvidos.	Ongi etorri.	Bienvenue.

A) vasco.   B) gallego.   C) catalán.   D) francés.

2. ¿En qué país no se habla el español? (　　)

A) Chile.   B) Guatemala.   C) Perú.   D) Brasil.

3. Además del español, ¿qué lenguas se usan en España?

_____

4. ¿Por qué es necesario aprender lenguas extranjeras?

_____

3

Texto 2 ——————— (**Los libros**)

書籍

A PREPARARTE

在这篇课文里，我们将以意想不到的视角认识 libro 这个词语。文中呈现了对书本充满想象力的比喻。提到"书"，你会联想起哪些意象呢？你的手边是否也有几本来自西班牙语国家作家的书籍？

A LEER

Los libros son una especie de árboles con hojas que[1] en lugar de primaveras tienen cuentos.

Los personajes[2] duermen ahí hasta que un día alguien abre el libro, comienza a leer y los personajes se levantan, estiran sus vestidos y empiezan a trabajar:

Había[3] una vez una princesa

que[1] caminaba[3] al revés.

Había un espejo de agua

y había un marino inglés.

A SABER

1 que 是引导从句的关系代词，代替从句修饰的名词，即先行词。

2 personaje 和 persona 意义相近，但 personaje 所指对象更为抽象，对应中文中的"人物"，persona 则指具体的个人。在语法上 (el) personaje 是阳性，(la) persona 是阴性，但这两个名词的词性不随它实际指代的人物性别变化。

3 había 和 caminaba 分别是动词 haber 和 caminar 的陈述式过去未完成时变位形式。这个时态最常见的用法之一是表示过去某一段时间里的习惯性行为或者某种惯有状态。

A ENTENDER

especie *f.* 种类	dormir *intr.* 睡觉
hoja *f.* 叶;（纸、书籍的）张，页	estirar *tr.* 拉长，伸长
en lugar de 代替；取代	al revés 反着的，相反的
primavera *f.* 春天	espejo *m.* 镜子
cuento *m.* 故事	marino *m.* 海员，水手

A TRABAJAR

1 (   ) Según el texto, los libros son como unos árboles en los que hay _____.

    A) primaveras   B) hojas

    C) lugares   D) cuentos

2 (   ) Según lo que cuenta el autor, ¿Qué hacen los personajes antes de que alguien abra el libro?

    A) Se levantan.   B) Duermen.

    C) Trabajan.   D) Estiran sus vestidos.

3 Si tú comienzas a trabajar como los personajes del libro, ¿qué iba a pasar entre la princesa, el espejo y el marino inglés?

_____

Texto 3 ── Decálogo¹ para fomentar la lectura
关于阅读的十条建议

A PREPARARTE

在这篇课文里，我们将读到十条培养阅读习惯的建议。1995 年联合国教科文组织宣布每年 4 月 23 日为世界读书日，因为在 1616 年的这一个日期，西班牙作家塞万提斯和英国戏剧家莎士比亚辞世。同时这一天也是西班牙加泰罗尼亚地区的传统节日圣乔治（San Jordi）节。传说中的勇士乔治（Jordi）屠龙救出公主，并获得公主回赠的礼物—— 一本书，它象征着知识与力量。在这一天里，各个西班牙语国家都会开展"读书马拉松""书市"等一系列活动。你是否有每天阅读的习惯？

A LEER

1. Lee² al menos 15 minutos diarios.

2. Visita² la biblioteca más cercana y hazte² socio.

3. Suscríbete² a una revista que te interese³.

4. Busca² el significado de las palabras desconocidas.

5. Crea² un espacio para tu biblioteca personal.

6. Elige² un lugar agradable para leer.

7. Comparte² el contenido de un libro con un amigo.

8. Pide² a alguien de tu familia que te lea³ algo antes de dormir.

9. Interrumpe² tu lectura para imaginar y recrear en tu mente las escenas o personajes presentes en el texto que estás leyendo.

10. Observa² y aprende de² los buenos lectores.

A SABER

1　decálogo 一词原意为基督教中的十诫。

2　lee 在此处是动词 leer 的命令式变位形式，下文中的 visita、hazte、suscríbete、busca、crea、elige、comparte、pide、interrumpe、observa、aprende 都是这种时态的动词变位形式。动词命令式用于表达命令、请求、建议等。命令式第二人称单数（tú）的变位与陈述式现在时第三人称单数（él/ella/usted）变位一致，例如 leer – lee、visitar – visita、pedir – pide 等；有些动词为不规则动词，例如 hacer – haz。在命令式的变位中，非重读人称代词须置于变位动词之后，与之连写，例如 hazte、suscríbete。

3　interese 和 lea 分别是动词 interesar 和 leer 的虚拟式现在时变位形式。虚拟式在西班牙语中的用法很多，它在本文的这两个从句里分别表达"先行词不确指"和"目的"。

A ENTENDER

al menos 至少	compartir *tr.* 分享
socio, cia *m. f.* 会员	contenido *m.* 内容
suscribirse *prnl.* 订阅	interrumpir *tr.* 中断，打断
significado *m.* 意义，含义	aprender de 向……学习
elegir *tr.* 选择，挑选	

A TRABAJAR

1　(　　) Según el texto, ¿cuál de las siguientes definiciones no es correcta?

A) Si encuentras una palabra nueva en la lectura, es mejor buscar su significado.

B) Es bueno hablar con un amigo del libro que estás leyendo.

C) Hay que buscar un espacio personal en la biblioteca más cercana.

D) Hay que leer todos los días.

2　(　　) Según la regla 9, a veces hay que interrumpir la lectura para …

A) descansar.　　　　　　　　　　　B) imaginar.

C) hablar con tus familiares.　　　　　D) cambiar de libro.

3　¿Cuál de las diez reglas te ha inspirado más para fomentar la lectura?

Un jade no tallado no vale nada;
una persona que no estudia no entenderá la razón.

玉不琢，不成器；人不学，不知义。

Unidad 2
Familia 家庭生活

Texto 1 ──────── ╭────── Notas ──────╮
留言条

在这篇课文里，我们将学会如何用西班牙语写简单的留言条。nota 一词在西班牙语中既可以指上课时的笔记，也可以像在这篇课文里那样表示留言条。留言条不仅能够在家人、朋友、同学之间有效传递信息，也向我们展现了人们日常关系中的生动细节。你最近是否也正好需要给谁留下一张便条呢？

A LEER

A

Mamá:
Ha llamado[1] la abuela.
Vendrá[2] a las siete.

Marta

B

Papá:
Por favor, cómprame
una carpeta para el
cole[3].

Marta

C

Carlos:
Gracias por
prestarme los patines.

Marta

A SABER

[1] ha llamado 是动词 llamar 的陈述式现在完成时第三人称单数变位形式。
该时态用于表示现在已完成的动作。

[2] vendrá 是动词 venir 的陈述式将来未完成时第三人称单数变位形式。
该时态用于表示将要进行的动作。

[3] cole 是名词 colegio 在口语中的简称。
类似的还有 el profesor – el profe、la profesora – la profa等。

llamar *tr.* 打电话	carpeta *f.* 文件夹
abuelo, la *m. f.* 祖父母或外祖父母	prestar *tr.* 借给，借予
por favor 请；拜托	patín *m.* 旱冰鞋

A TRABAJAR

1 ¿Quién ha escrito estas notas?

_____

2 ¿A quién va dirigida cada una?

La nota A ⮑ _____

La nota B ⮑ _____

La nota C ⮑ _____

3 ¿Cuál es la finalidad de cada nota? Escribe la letra que corresponda:

☐ Dar las gracias.

☐ Informar.

☐ Pedir un favor.

4 ¿Cómo debe ser una nota? Copia lo que te parezca más acertado:

• Una nota debe ser larga y debe guardarse para que no se pierda.

• Una nota debe ser corta y se debe dejar en un lugar bien visible.

_____

5 Escribe una nota para decirle gracias por algún favor que te ha hecho tu compañero de mesa.

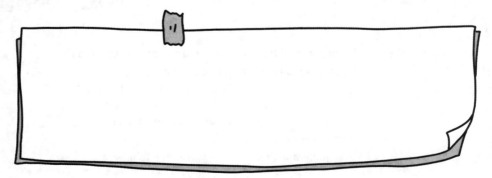

Texto 2 ── ¡Qué alegre es mi hogar! ──

我的家庭多么欢乐！

A PREPARARTE

这篇课文的主题是家庭生活。在这里，我们将学到和日常家务劳动以及家庭娱乐活动相关的动词，同时也能学会表达自己如何与家人相亲相爱、相互尊敬。家庭关系是西班牙语国家的人们生活中最重要的部分。你会如何用西班牙语来描述你的家庭生活呢？

A LEER

Mi hogar es el lugar donde[1] vivimos con nuestra familia.
Siempre tenemos algo que hacer: lavar,
planchar, cocinar, limpiar, cuidar y arreglar la casa.

Todos compartimos el trabajo y así nos queda
tiempo para estudiar, conversar, jugar y pasear.
Nos queremos[2], respetamos y vivimos felices[3].

¡Qué alegre nos sentimos de hacer nuestro
trabajo para mantener bonito nuestro hogar!

1. donde 是引导地点状语从句的关系代词。
2. nos queremos 是动词 querer 的代词式动词（也叫连代动词）形式，在此处表示相互意义。
3. feliz 在此处为双重补语，其功能类似于副词"幸福地"，但使用形式和形容词一致，须和主语保持性数一致。

planchar *tr.* 熨烫	conversar *intr.* 交谈
cocinar *tr.* 烹调	jugar *intr.* 玩
limpiar *tr.* 清洁，打扫	pasear *intr.* 散步
cuidar *tr.* 照顾	respetar *tr.* 尊重，尊敬
arreglar *tr.* 整理；修理	mantener *tr.* 保持，维持

1. ¿Qué debemos hacer en las siguientes circunstancias?

1) _____   3) _____

2) _____   4) _____

2. (   ) ¿Quién debe encargarse de los trabajos del hogar?

A) La madre.   B) La abuela.

C) El padre.   D) Todos los miembros de la familia.

3. Completa el siguiente texto con los verbos conjugados:

En un hogar bonito y feliz, los familiares (conversar) _____, (estudiar) _____,

(jugar) _____ y (pasear) _____ juntos. También (quererse) _____ y

(respetarse) _____ mucho. Así todos (vivir) _____ felices.

4. ¿Cómo es tu familia? Intenta describirla con las palabras aprendidas en este texto:

_____

Texto 3 — A las siete

七点钟

在这篇课文里，我们将学到家人相互问候的语句、母亲焦急催促的感叹句，以及描述母亲和孩子早间起居动作的陈述句。一幅晨间家庭生活图景跃然纸上。你是否也想起了自己家的清晨时光？你会如何用西班牙语来描述它呢？

La mamá entra en el cuarto donde duerme el niño. Ella lo[1] mira por un momento, y sonríe. El reloj marca las siete en punto.

–¡Buenos días…! –dice, le[2] da un beso y abre la ventana.

Un ojito[3] se abre y el otro también. Se mueven[4] las manos y se estiran[4] las piernas.

–¡Aaah! ¡Buenos días, mamá! –dice Enrique.

–¡Vamos, apúrate!

Enrique se levanta[4] rápido y comienza a vestirse[4]. La mamá va a la cocina.

Al poco rato vuelve:

–¡Pero Enrique! ¡Todavía no te has vestido! ¡Vamos, vamos!, el desayuno te espera. Hay que apurarse[4] para no llegar tarde a la escuela.

1 lo 是宾格代词第三人称单数阳性形式，用以指代前文的 el niño。

2 le 是与格代词第三人称单数形式，用以指代前文的 el niño。

3 ojito 是名词 ojo（眼睛）的指小词。西班牙语中指小词最常见的形式是：将元音结尾的单词去尾，配合名词的阴阳性加上后缀 "-ito, -ita"，辅音结尾的单词则直接加上述后缀。使用指小词，通常表亲昵之意。

4 文中的 se mueven、se estiran 与后面的 se levanta、vestirse、apurarse 均为自复动词，即表示自复含义的代词式动词，表示动作的施事者与受事者一致。动词和代词部分 se 须根据主语人称进行相应的变化，例如 apúrate、te has vestido。

sonreír intr. 微笑	vestirse prnl. 穿衣
en punto 整点	al poco rato 不一会儿
apurarse prnl. 急忙，赶快	desayuno m. 早餐
rápido adv. 赶快地，快速地	llegar tarde 迟到

1 ¿Qué hace la mamá cuando entra en el dormitorio del niño? Ordena las siguientes frases según lo que cuenta el texto: _____ ⇨ _____ ⇨ _____ ⇨ _____.

A) Abre la ventana.

B) Lo mira un rato y sonríe.

C) Le dice buenos días al niño.

D) Le da un beso.

2 Indica si son verdaderas (V) o falsas (F) las siguientes interpretaciones del texto:

1) (   ) El niño se llama Enrique.

2) (   ) La mamá se mueve las manos y se estira las piernas en el cuarto del niño.

3) (   ) Cuando la mamá sale de la cocina, el niño ya se ha vestido.

3 Si el niño desayuna muy lento, imagina que eres la mamá, ¿qué le vas a decir?

_____

_____

Hay que estudiar las cosas para obtener el conocimiento,
ser honestos y tener tranquilo el corazón,
cultivarse a sí mismos y poner en orden la familia,
y luego gobernar bien el país para mantener la paz bajo el cielo.

格物致知、诚意正心、修身齐家、治国平天下。

Unidad 3
Personas 人物

Texto 1 — Mi cara
我的脸

在这篇课文里，我们将学习如何简单描述人的脸部特征。充满童趣的用辞、富有韵律的语句里，你是否能想象出那是怎样一张可爱的面孔？脸上的五官又是怎样在不同的场景中变换着表情？

A LEER

En mi cara redondita[1]
tengo ojos y nariz,
y también una boquita[1]
para hablar y para reír.

Con mis ojos veo todo,
con la nariz hago achís,
con mi boca como como
palomitas[2] de maíz.

A SABER

[1] redondita 和 boquita 分别是形容词 redondo（圆圆的）和名词 boca（嘴巴）的指小词。

[2] palomita 是名词 paloma（鸽子）的指小词形式，在文中的意思是"爆米花"。

cara *f.* 脸	ver *tr.* 看见
ojo *m.* 眼睛	todo *pron.* 一切；全体
nariz *f.* 鼻子	achís *onomat.* （拟声词）阿嚏
hablar *intr.* 说话	comer *tr.* 吃
reír *intr.* 笑	maíz *m.* 玉米

A TRABAJAR

1 ¿Cuáles son los diminutivos de las siguientes palabras?

  1) cara: _____

  2) ojo: _____

  3) nariz: _____

2 Relaciona las partes de la cara con las actividades:

  boca   ver

  nariz   comer

  ojos   hablar

                      reír

                      hacer achís

3 ¿Cómo es tu cara? ¿Qué más se puede hacer con las partes de la cara? Describe tu cara imitando el texto original:

  _____

  _____

  _____

  _____

  _____

  _____

Texto 2 — Preposiciones

介词

A PREPARARTE

在这篇课文里，我们将读到一篇富有韵律的童谣，每一行都以 -illas 结尾，描述孩子们相互胳肢嬉闹的场景，以此呈现从头到脚各个身体部位的名称。胳肢的动作在全身游走，作者在各个部位使用了不同的介词，让我们一起来学习和区分吧。

A LEER

Tenemos cosquillas

verdes y amarillas

junto a las mejillas,

hacia[1] las patillas,

bajo[1] las barbillas,

entre[1] las costillas,

por[1] las paletillas,

sobre[1] las rodillas,

de[1] las espinillas,

a[1] las pantorrillas[2].

Con tantas cosquillas

saltas en[1] las sillas

y te desternillas.

1. 文中的 hacia（往……方向）、bajo（在……下面）、entre（在……中间）、por（通过……）、sobre（在……上面）、de（从……）、a（向……）和 en（在……里）都是介词。西班牙语中绝大多数介词都要轻读。西班牙语中介词又被称为"前置词"，顾名思义，介词必须置于某个单词之前，不能置于句子或语段的末尾。

2. pantorrillas 是 pantorra（腿肚子）的指小词。除了在第 2 单元第 3 课中出现过的"-ito, -ita"形式，西班牙语中还有另一种指小词形式"-illo, -illa"，同样根据名词阴阳性变化词尾。

cosquillas *f. pl.* 痒感；hacer cosquillas是固定短语，意为"胳肢"	costilla *f.* 肋骨
amarillo, lla *adj.* 黄色的	paletilla *f.* 肩胛骨
junto a 在……旁边	rodilla *f.* 膝盖
mejilla *f.* 脸颊	espinilla *f.* 小腿
patilla *f.* 鬓角	desternillarse *prnl.* 哈哈大笑
barbilla *f.* 下巴	

1. Tapa el texto y el vocabulario con un papel y escribe todas las palabras que recuerdas terminadas en *-illa*. Tienes dos minutos:

_____

2. Completa los siguientes diminutivos terminados en *-illo, -illa*:

1) pobre: pobreci_____

2) bolso: bolsi_____

3) chica: chiqui_____

3. Imagina que estás jugando con un gatito. Describe cómo se mueve el gatito contigo utilizando por lo menos 5 de las preposiciones del texto:

_____

Texto 3 —— ● Mario es mi hermano mayor ●

马里奥是我的哥哥

在这篇课文里，我们将学习如何描述一个人的外貌，并简单介绍他的兴趣爱好和性格。你是否想尝试用西班牙语描述生活中某个特别的人，你又将如何描述你自己呢？

A LEER

Mario es mi hermano mayor. <u>Tiene 20 años</u>[1] y es muy simpático. Su pelo es castaño y <u>le gusta</u>[2] llevarlo corto. Tiene las cejas bastante pobladas y <u>unos ojos</u>[3] pequeños que miran con interés. ¡Ah! Y casi siempre luce una amplia sonrisa.

A Mario le gusta mucho el deporte y suele ir vestido con ropa deportiva muy moderna.

Sus amigos dicen que es generoso y divertido.

A SABER

[1] 西班牙语中使用 tener（有）+ ×× años（年）来表示年龄。

[2] gustar 是不及物动词，用法类似文言文中的使动用法，可以理解为"使……喜欢"。例如文中"A Mario le gusta mucho el deporte."，其中 el deporte（体育）是动词 gustar 的主语，句中的 Mario（马里奥）则相当于受事者，字面意思就是"体育使马里奥很喜欢"。这类动词在西班牙语中很常用，类似的还有 parecer（使……觉得）、doler（使……疼）等。

[3] unos ojos 中的 unos 字面上是"一些、几个"的意思，实际上在文中是指"两个、一对"，这是西班牙语中一种常见的用法，类似的还有 llevar unas gafas muy chulas（戴着一副很酷的眼镜）。

simpático, ca *adj.* 和蔼可亲的	interés *m.* 兴趣
castaño, ña *adj.* 栗色的	lucir *tr.* 显示；炫耀
corto, ta *adj.* 短的	sonrisa *f.* 微笑
ceja *f.* 眉毛	moderno, na *adj.* 现代的
bastante *adv.* 相当	generoso, sa *adj.* 慷慨的
poblado, da *p.p.* 长满……的	

A TRABAJAR

1 Relaciona las frases de las dos columnas para formar oraciones correctas:

Mario es   unos ojos pequeños

Mario tiene   el pelo corto

Mario lleva   20 años

Mario va vestido con   castaño

El pelo de Mario es   ropa deportiva moderna

                                                        simpático

2 (   ) A Mario le gusta _____.

A) ver la televisión   B) hacer deporte   C) hacer compras   D) cocinar

3 Clasifica los siguientes adjetivos:

alto, generoso, delgado, fuerte, abierto, bajo, esbelto, sensible, firme, activo, gordo

para describir rasgos físicos

para describir rasgos de carácter

4 Escribe un texto corto para describir tus rasgos físicos y tu carácter. Lee la descripción a tu compañero y pídele que la revise:

_____

_____

_____

Texto 4 ───── ¿Cómo se dibuja un niño?

如何画出一个小男孩？

在这篇课文里，我们将读到一首有着丰富韵脚的童谣，这首童谣并非直接描写一个小男孩的外貌，而是描述如何画出一个小男孩。跟随着诗句的韵律，第一段中的"-iño"，第二段中的"-illo, -eso"，第三段中的"-oda, -ero, -ana, -ista"，第四段中的"-ente, -ento"……我们仿佛拿着画笔，一个淘气活泼的孩子渐渐在笔下生动浮现，同时完成了一次多维度的阅读体验。

Para dibujar un niño
hay que hacerlo con cariño.

Pintarle mucho flequillo,
–que esté[1] comiendo un barquillo–;
muchas pecas en la cara
que se note[1] que es un pillo;
–pillo rima con flequillo
y quiere decir travieso–.
Continuemos[2] el dibujo:
redonda cara de queso.

Como[3] es un niño de moda,
bebe jarabe con soda.
Lleva pantalón vaquero
con un hermoso agujero;
camiseta americana
y una gorrita de pana.
Las botas de futbolista
–porque[3] chutando es artista–.

Se ríe continuamente,
porque[3] es muy inteligente.

Debajo del brazo un cuento,
por eso está tan contento.

Para dibujar un niño
hay que hacerlo con cariño.

1. esté 和 se note 分别是动词 estar（表示人物所处状态的系动词）和 notarse（动词 notar 意为"发现"，notarse 是其无人称形式）的虚拟式现在时变位形式。虚拟式现在时在这里的从句中用于表示目的，意思是"要这样画，以使得……"

2. continuemos 是动词 continuar（继续）的命令式第一人称复数变位形式，意思是"让我们继续……"。

3. como 和 porque 两者都可以引导表示原因的从句，como 引导的原因从句应放在句首，porque 引导的原因从句则通常放在句子的后半部分。

A ENTENDER

dibujar *tr.* 画	de moda 时髦
cariño *m.* 亲昵；爱	vaquero, ra *adj.* 牛仔的
flequillo *m.* 刘海儿	agujero *m.* 洞
pillo, lla *adj.* 小滑头的	camiseta *f.* T恤
rimar *intr.* 和……押韵	gorra *f.* 帽子；棒球帽
travieso, sa *adj.* 顽皮的	bota *f.* 靴子
queso *m.* 奶酪	chutar *intr.*（足球）射门

A TRABAJAR

1. Completa los siguientes versos que riman:

1) Para dibujar un ni_____,
   hay que hacerlo con cari_____.

2) Pintarle mucho flequ_____,
   –que esté comiendo un barqu_____ –;
   muchas pecas en la cara
   que se note que es un p_____;

3) Se ríe continuam_____,
   porque es muy intelig_____.

4) Lleva pantalón vaqu_____
   con un hermoso aguj_____;

2. Realiza una descripción del niño según el texto y con tus propias palabras:

El niño es _____,

tiene _____,

lleva _____.

¡Qué _____ es este niño!

3. Intenta componer unos cuantos versos que riman, imitando el texto:

_____

Los vecinos se desean el bien entre ellos
como lo hacen los miembros de una misma familia.

亲望亲好，邻望邻好。

Unidad 4

Estudios y crecimiento 学习和成长

Texto 1 ——————— ¿Qué seré?

我会成为什么样的人？

A PREPARARTE

在这篇课文里，我们将聆听一个小男孩和妈妈的对话。在妈妈的回答中，作者巧妙地在双数诗行选用以 -or 结尾的职业名称，组成韵脚，使儿歌富有韵味。在妈妈的眼中，小男孩长大以后将会成为什么样的人，又将会从事什么职业呢？你的心目中，什么是最好的职业？

A LEER

Cuando yo sea[1] grande,
¿qué seré, mamá?

Podrás ser minero,
quizás[2] aviador,
un buen[3] marinero
o un buen fresador.
Tal vez[2] abogado,
quién sabe doctor,
técnico de industria,
investigador,
soldado valiente,
fuerte constructor.
Serás un maestro
o un agricultor.
Serás lo que quieras[4],
serás lo mejor,
serás, si eres bueno,
un trabajador.

28

1. sea 是动词 ser 的虚拟式现在时第一人称单数变位形式。文中 cuando 引导的时间从句中，使用虚拟式表示将来的行动。

2. 副词 quizás (quizá) 和词组 tal vez 都表示"可能，也许"的意思。

3. 形容词 bueno 置于单数阳性名词之前用短尾形式，去掉 o 变成 buen，例如文中的 un buen marinero、un buen fresador。类似常用的还有形容词 malo；序数词 primero、tercero；不定形容词 alguno、ninguno 等。

4. quieras 是动词 querer 的虚拟式现在时第二人称单数变位形式。文中 lo que 引导的关系从句中，使用虚拟式，用于表示未知的、任意的行动。

A ENTENDER

minero, ra *m. f.* 矿工	investigador, ra *m. f.* 研究员
aviador, ra *m. f.* 飞行员	soldado *m. f.* 士兵
marinero, ra *m. f.* 水手	constructor, ra *m. f.* 建筑工人
fresador, ra *m. f.* 铣床工	maestro, tra *m. f.* 教师
abogado, da *m. f.* 律师	agricultor, ra *m. f.* 农民
doctor, ra *m. f.* 医生	trabajador, ra *m. f.* 劳动者
técnico, ca *m. f.* 技术人员	

A TRABAJAR

1. Relaciona el término de profesión con el sustantivo correspondiente:

Por ejemplo: doctor – hospital

constructor	colegio
abogado	avión
aviador	guerra
agricultor	campo
soldado	edificio
investigador	ciencias
maestro	ley

2. Si una niña le pregunta a su mamá, qué será cuando sea grande, ¿qué le va a decir su madre?

Podrás ser _____,

quizás _____.

Una buena _____,

o una buena _____,

tal vez _____.

....

3. ¿Qué serás tú en el futuro? ¿Por qué?

Texto 2 ⎯⎯⎯ • Rosarito quiere crecer •⎯⎯⎯
小罗萨里奥想长大

A PREPARARTE

小女孩罗萨里奥（Rosarito）一心想要快点长大，看看她为此做了哪些可爱的小努力？穿上妈妈的高跟鞋？披上奶奶的外套？梳阿姨的发型？究竟哪个办法更有效呢？成长，它究竟是在什么时间、以何种方式发生在我们身上？

A LEER

Rosarito[1] es una niña muy linda. Tiene seis años y todos la quieren mucho.

Rosarito quiere crecer, y ¡no sabe cómo! Todos los días se mira en el espejo, pero... ¡qué tristeza! ¡No ha crecido ni un pedacito![2]

Un día, la niña decidió[3] crecer. Se puso[3] los zapatos de su mamá, el abrigo de la abuela. Se peinó[3] como la tía... Todos rieron[3] mucho al verla. Rosarito pensó[3] mucho.

Al día siguiente[4], recogió[3] sus juguetes y barrió[3] el patio de su casa. Al otro, se sentó[3] a la mesa y comió[3] sin derramar agua en el mantel. Entonces, el padre dijo[3]:

–Creo que Rosarito está creciendo. Ya nuestra niña es mayor.

Rosarito是女性人名 Rosario 的指小词形式，表示爱昵。

2 ¡No ha crecido ni un pedacito! 意思是"连一点点都没有长高！"连词 ni 在这里表示对否定词 no 的强调。

3 decidió 是动词 decidir（决定）的陈述式简单过去时变位形式。后文中的 se puso、se peinó、rieron、pensó、recogió、barrió、se sentó、comió 和 dijo 也是这种时态的变位形式，这一时态用于描述过去发生的事件与动作。

4 al día siguiente 意为"第二天，次日"。

A ENTENDER

lindo, da *adj.* 漂亮的	recoger *tr.* 收起，收拾
crecer *intr.* 成长；长大	juguete *m.* 玩具
tristeza *f.* 悲伤；忧愁	patio *m.* 院子
reír *intr.* 笑	derramar *tr.* 弄洒，使流出
pensar *intr.* 想	mantel *m.* 桌布

A TRABAJAR

1 (   ) Según el texto, ¿qué quiere Rosarito?

A) Ser más bonita.　　　　　　　　B) Tener más juguetes.

C) Tener un patio más grande.　　　D) Ser mayor.

2 (   ) ¿Cómo logró crecer Rosarito?

A) Se puso unos zapatos de su madre.　B) Se puso el abrigo de su abuela.

C) Se peinó como su tía.　　　　　　　D) Hizo sus propias cosas mejor.

3 ¿Cuáles son los momentos en los que te sientes más maduro, es decir, que has crecido?

_____

_____

_____

Texto 3 —————(El caballerito)—————
小小绅士

A PREPARARTE

在这篇课文里，我们将认识一名小小的绅士。他如何看待和他共同学习、共同成长的女孩们？他在学校生活的每个细节里是如何尊重她们的？性别平等是时常引发社会争议的话题，让我们来看看这位古巴男孩如何在学校生活的点滴中实践他的性别观念。

A LEER

El caballerito ayuda a su amiga
a coger la guagua, a tomar la silla,
el caballerito sabe que las niñas
merecen respeto, amor, cortesía.

El caballerito sabe que las niñas
están con los niños en la misma fila[1];
y porque es amigo de sus amiguitas
el caballerito las quiere y las cuida.

El caballerito si llega a la escuela
dice "Buenos días" a sus compañeras.
Las deja primero tomar la merienda,
y cortés y amable es siempre con ellas[2].

Si una niña llega con él[3] a la mesa,
servicial le ofrece llevar su bandeja[2].
Y al final del día, contento se acuesta:
¡Al caballerito todos lo respetan!

1 estar en la misma fila 意思是"在同一排"，即"处于同等地位"。
2 原本语序应当为 es siempre cortés y amable con ellas 和 le ofrece servicial llevar su bandeja。这两句都是倒装句。
3 此处的 él 为介词格人称代词。与介词连用的人称代词称为介词格人称代词，也称为夺格人称代词，在句子里可以作各种补语。

A ENTENDER

guagua *f.*（古巴方言）公共汽车	merienda *f.* 午后点心；下午茶
merecer *tr.* 值得	cortés *adj.* 有礼貌的
amor *m.* 爱	servicial *adj.* 殷勤的
cortesía *f.* 礼貌	bandeja *f.* 托盘
dejar *tr.* 让；容许	acostarse *prnl.* 上床睡觉
primero *adv.* 首先	

A TRABAJAR

1 (   ) ¿Cuál es el sinónimo de la palabra *guagua*?

A) Coche.   B) Metro.   C) Taxi.   D) Autobús.

2 Indica si son verdaderas (V) o falsas (F) las siguientes interpretaciones del texto:

1) (   ) El caballerito deja a las niñas sentarse primero.

2) (   ) El caballerito se sienta en la misma fila con las niñas.

3) (   ) El caballerito toma primero la merienda.

4) (   ) El caballerito se acuesta feliz porque todos lo respetan.

3 En tu opinión, ¿cuál es la mejor forma de respetar a las mujeres? y ¿cuáles son las formas no tan necesarias para mostrar el respeto hacia las mujeres?

_____

_____

Leer sin reflexión lo confunde a uno; pensar sin leer lo vuelve superficial.

学而不思则罔，思而不学则殆。

Unidad 5

Virtudes 良好品德

Texto 1 ———— (Todos somos diferentes)

我们不一样

> 在这一课里我们将欣赏一首童谣，它叙述人们彼此之间的差异，从外貌，到言行，虽然千差万别，却又殊途同归—— diferentes pero igual。求同存异、彼此尊重才是良好的相处之道。你觉得自己和别人有什么不同之处？你的朋友如何尊重你的这些特质？你又是如何同样地包容他们？

A LEER

Todos somos diferentes,
pero personas igual[1].
Respetar las diferencias
nos permite identidad.

Todos[2] somos diferentes,
diferentes pero igual.
Hay algunos[2] que son gordos,
flacos, talla especial.

Rubios, crespos, pelirrojos,
ser distintos no está mal.
Todos somos diferentes,
diferentes, pero igual.

Unos[2] hablan muy fluido,
otros[2] con dificultad.
Usan lentes o bastones,
no nos quita dignidad.

Usemos lo necesario
lo importante es la amistad.
Si tú opinas diferente,
no nos vamos a enojar,
porque estás en tu derecho[3]
y lo voy a respetar.
Todos somos diferentes,
diferentes, pero igual.

1 此处的 igual 为副词，意思是"同样地"；完整的句子应当是"Somos personas igual."（我们都同样地生而为人。）

2 todos和下文中的algunos、unos 和 otros 都是不定代词。不定代词表示不确指的人或物。文中这四个不定代词均有性数变化，意思依次为"所有人""某些人""一些人""另一些人"。

3 …estás en tu derecho 意思是"你在行使你的权利"。

A ENTENDER

respetar *tr.* 尊重	lente *m.o f. pl.* 眼镜
permitir *tr.* 允许；使成为可能	bastón *m.* 拐杖
identidad *f.* 身份	quitar *tr.* 夺走；拿掉
talla *f.* 身高；身材	dignidad *f.* 尊严
rubio, bia *adj.* 金黄头发的	amistad *f.* 友谊
crespo, pa *adj.* 卷曲的	opinar *intr.* 发表意见
pelirrojo, ja *adj.* 红发的	enojarse *prnl.* 生气
fluido, da *adj.* 流利的	

A TRABAJAR

1 Describe las diferencias entre las personas en las siguientes fotos utilizando las palabras indicadas:

1) crespo, largo

_____

_____

2) lentes, rubio

_____

_____

2 (   ) Según el texto, ¿cuáles son las actitudes apropiadas que debemos tomar ante alguien diferente?

A) Respetar las diferencias.   B) Quitar la dignidad.

C) Enojarse.   D) Respetar su derecho.

3 ¿Cuáles son las diferencias entre tú y tu mejor amigo/amiga? y ¿qué hacéis para llevaros bien?

_____

_____

_____

Texto 2 — Ronda de los amigos

好朋友，转圈圈

A PREPARARTE

这篇课文是一首富有节律、适合唱诵的童谣，讲述了孩子邀请形形色色的伙伴一起来歌唱，并且和他们成为好朋友的故事。毛毛虫为什么想飞？小老鼠想要怎么吓唬他？彩色的风车想要邀请他一起玩什么？白云又会怎样和他一起玩耍？跟随孩子欢快的步伐，加入分享快乐的大转盘吧！

A LEER

A la ronda de los amigos
te invitamos a jugar.
Ven, canta conmigo[1]
y muchos amigos podrás encontrar.

Mi amiga es la cuncuna
me cuenta que quiere volar[2].
Ven, canta conmigo
y la cuncuna tu amiga será.

Mi amigo es el cartero
y noticias me viene a dejar[2].
Ven, canta conmigo
y el cartero tu amigo será.

Mi amigo es el remolino[3],
con sus colores me invita a girar.
Ven, canta conmigo
y el remolino tu amigo será.

Mi amigo es el ratón
que con su cola me quiere asustar.
Ven, canta conmigo
y el ratón tu amigo será.

Mi amigo es el payaso
que con su risa me viene a alegrar.
Ven, canta conmigo
y el payaso tu amigo será.

Mi amiga es la nube,
me envuelve y me lleva a viajar.
Ven, canta conmigo
y la nube tu amiga será.

1. conmigo 是介词 con 和介词格人称代词 mí 同用时的缩合形式。同样的还有当介词 con 和介词格人称代词 ti 同用时，缩合成 contigo。

2. quiere volar 和下文中的 viene a dejar 都是动词短语，由助动词的变位形式和动词的非人称形式（原形动词、副动词或过去分词）构成。它在句中作谓语，其含义由非人称形式的动词所表示的行动来体现。

3. el remolino 原意为"旋涡"，在文中是"玩具风车"的意思。

A ENTENDER

ronda *f.* 圈子；（依次进行的）轮，次	color *m.* 颜色
invitar *tr.* 邀请	girar *intr.* 转动，旋转
jugar *intr.* 玩	ratón *m.* 老鼠
cantar *intr.* 歌唱	asustar *tr.* 惊吓，吓唬
encontrar *tr.* 找到	payaso *m.* 小丑
cuncuna *f.* 毛毛虫	risa *f.* 笑；笑声
contar *tr.* 讲述，叙述	alegrar *tr.* 使高兴，使快乐
volar *intr.* 飞	nube *f.* 云
cartero, ra *m. f.* 邮递员	envolver *tr.* 包，裹，围
noticia *f.* 新闻；消息	viajar *intr.* 旅行

A TRABAJAR

1. (   ) En el texto, vienen diferentes amigos y quieren hacer diferentes juegos con el niño. ¿Qué es lo que hacen TODOS los amigos en la ronda?

   A) Volar.　　　　B) Cantar.　　　　C) Contar cuentos.　　　　D) Viajar.

2. Relaciona los personajes con las frases que indican lo que quieren hacer:

   El ratón　　　　　　　　　　　　quiere alegrarme.

   La cuncuna　　　　　　　　　　quiere dejarme noticias.

   El cartero　　　　　　　　　　　quiere llevarme a viajar.

   El remolino　　　　　　　　　　quiere asustarme.

   El payaso　　　　　　　　　　　quiere volar.

   La nube　　　　　　　　　　　　quiere invitarme a girar.

3. ¿Puedes inventar otros juegos para jugar con los nuevos amigos?

_____

Texto 3 ── Cultivo una rosa blanca
我种下一朵白玫瑰

A PREPARARTE

在这篇课文里，我们将读到古巴民族英雄、独立战争领袖、诗人何塞·马蒂（José Martí, 1853–1895）的诗作。自 1868 年起马蒂开始投身民族解放运动，1895 年领导发动古巴独立战争，同年 6 月在战斗中不幸中弹牺牲。在你的印象中，古巴是怎样的一个国度？你是否会想起那里曾经发生过的历史事件和传奇人物，以及热情、淳朴的古巴人民？

A LEER

Cultivo una rosa blanca

en junio[1] como en enero[1],

para el amigo sincero

que me da su mano franca.

Y para el cruel que me arranca

el corazón con que vivo,

cardo ni ortiga cultivo[2];

cultivo una rosa blanca.

1　junio（六月）和 enero（一月）均为月份名称。在西班牙语中，月份首字母不需要大写。
2　cardo ni ortiga cultivo 意思是"我将不会种下刺菜蓟，也不会种下荨麻"。

A ENTENDER

cultivar *tr.* 种植，栽植	cruel *adj.* 残酷的，残忍的
rosa *f.* 玫瑰花	arrancar *tr.* 连根拔掉；根除
sincero, ra *adj.* 真诚的	corazón *m.* 心脏
franco, ca *adj.* 坦率的，直率的	

A TRABAJAR

1　(　　) ¿Para quién le va a cultivar una rosa blanca el autor del poema?

　　A) Para el amigo que le da su mano franca.

　　B) Para el cruel que le arranca el corazón.

　　C) Tanto para el amigo como para el cruel.

2　¿Cómo se entiende la frase "mano franca"?

　　_____

3　¿Qué crees que representa la rosa blanca en el poema?

　　_____

　　_____

　　_____

　　_____

　　_____

　　_____

Aprender lo bueno es como escalar y arrimarse a lo malo es como derrumbarse.

从善如登，从恶如崩。

Unidad 6

Cosas de la vida 生活中的事物

Texto 1 ———— • Hay cosas que no comprendo • ————
我不理解的事

A PREPARARTE

在这篇课文里，我们将看到一个孩子对日常事物的无数困惑："为什么勺子有嘴，却什么也不吃？""为什么火柴有头，却没有头发？"……我们将会认识一些带有双关语意的西班牙语词汇，例如 boca 既是嘴巴，也可以指勺子的头。许多日常事物的名称都有多重含义，大人们熟稔区分，习以为常，然而在孩子的头脑里，却闪现出奇妙的误会。你童年时，是否也有同样的问号在脑中挥之不去呢？

A LEER

La cuchara tiene boca
pero nunca[1] come nada;
en el fósforo hay cabeza,
pero no tiene cabello.

La montaña tiene faldas,
pero jamás[1] usa enaguas;
una mesa tiene patas,
pero no camina sola.

La iglesia tiene naves
y las naves no navegan;
hasta el choclo tiene pelo
y ni de chiste se peina[2].

El serrucho tiene dientes
y no se lava la boca;
esta aguja tiene un ojo
y es ciega de nacimiento[3].

Hay cosas que no comprendo,

tal vez por ser muy pequeño:

¿Por qué mi cama es de plaza[4]

y la casa de dos aguas[5]?

¿Puedo dormir en la plaza

y vivir bajo dos aguas?

¡Ah las cosas que se inventa

la lengua de los mayores[6]!

A SABER

1　nunca（从不）和下文中的 jamás（从未；绝不）、ni（也不）都是带有否定含义的副词或连词。当它们放在变位动词之前时，不需要加否定词 no。

2　ni de chiste se peina 字面意思是"就算是开玩笑的情况下，也不梳头发"，即"绝不梳头发"。

3　es ciega de nacimiento 意为"生来就是盲的"。

4　cama de plaza 即 cama de una plaza，意思是"单人床"。这里 plaza 是"位子"的意思。

5　casa de dos aguas 意思是"双坡屋顶的房屋"，如右图所示。

6　lengua de los mayores 在这里也有双关含义，既指"大人的语言"，也指"大人的口舌"。

A ENTENDER

cabeza f. 头	navegar intr. 航行
cabello m. 头发；毛发	choclo m. 嫩玉米
falda f. 裙子；山坡	serrucho m. 手锯
usar tr. 用，使用	diente m. 牙齿；锯齿
enagua f. 衬裙	aguja f. 针
pata f. 腿，脚；（家具的）腿儿	tal vez 也许，或许
iglesia f. 教堂	bajo prep. 在……之下
nave f. 船，舰；（教堂的）中殿	inventar tr. 发明，创造

1 Relaciona los dibujos que comparten el mismo sustantivo y escribe el sustantivo correspondiente:

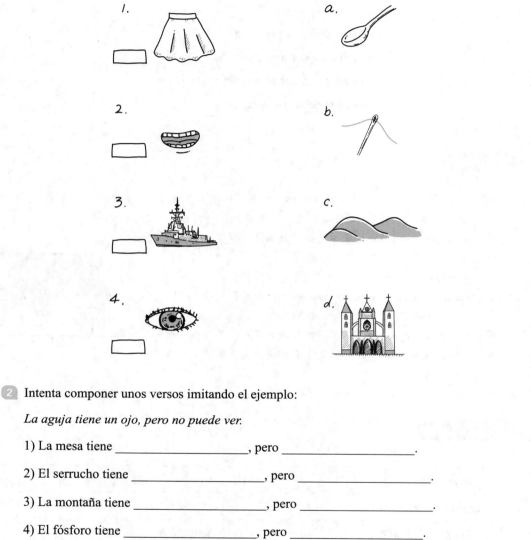

1.

a.

2.

b.

3.

c.

4.

d.

2 Intenta componer unos versos imitando el ejemplo:

La aguja tiene un ojo, pero no puede ver.

1) La mesa tiene _____, pero _____.

2) El serrucho tiene _____, pero _____.

3) La montaña tiene _____, pero _____.

4) El fósforo tiene _____, pero _____.

3 ¿Sabes qué significa un *diente de ajo*? ¿Qué duda puede tener un niño al leer esta frase?

_____

_____

Texto 2 ——— (Lo que hay que ver)
认真观察

A PREPARARTE

　　这篇课文用细腻的笔触，向我们详尽介绍了眼镜的构成，我们仿佛跟随作者的指引，对平日司空见惯的眼镜进行了一次细致而有趣的观察。你戴眼镜吗？你是否也曾以这样的视角审视过身边的物件呢？

A LEER

¿Llevas gafas? Si tú no las necesitas, seguro que[1] conoces a alguien que tiene que usar ese útil objeto para ver mejor.

Las gafas se inventaron hace muchos años y se han ido perfeccionando[2] a lo largo del tiempo.

Las gafas constan de un par de lentes que van sujetas[3] en una montura.

La montura, que puede estar hecha de plástico o de metal, es el soporte al que van fijados los cristales. La parte de la montura que se apoya en la nariz es el arco. Por último, las patillas son dos varillas que descansan sobre las orejas.

¿No te parece que[4] las gafas son un invento muy ingenioso?

1. seguro que 意为"肯定……"。seguro 在此结构中为副词，不随从句的主语发生性数变化。
2. se han ido perfeccionando 意思是"一直以来不断地改善而成"。"ir + 动词的副动词形式"用以表示动词所描述的动作"逐渐进行"。
3. van sujetas 中的 van 是动词原形 ir 的陈述式现在时变位形式，这个短语里的 ir 用作联系动词，意思是"处于，位于"。
4. ¿No te parece que...? 意思是"你不觉得……吗？"

A ENTENDER

mejor adv. 更好地	soporte m. 支柱，支架
a lo largo de 顺着；沿着	fijado, da p.p. de fijar 动词 fijar 的过去分词，意为被固定住的
constar de 包括，包含	cristal m. 镜片
par m. 对，双，副	apoyarse prnl. 靠在，搁在
sujeto, ta p.p. irreg. de sujetar 动词 sujetar 的过去分词不规则形式，意为被固定住的	arco m. 弧，拱
montura f.（某些物体的）架、框	por último 最后
estar hecho de 由……制成	varilla f. 棍，竿，条
plástico m. 塑料	descansar intr. 休息；以……为支撑
metal m. 金属	ingenioso, sa adj. 精妙的

A TRABAJAR

1. Completa la ficha con información del texto:

LAS GAFAS

• Para qué sirven: _____

• Qué partes tienen: _____

2. Observa el dibujo y explica qué es un monóculo:

_____

_____

3. ¿Qué tipo de gafas conoces? Escribe:

_____

Texto 3 ⸻ ¿Qué hay?

有什么?

A PREPARARTE

在这一课里，我们可以看到两则转让物品的小广告，也会读到五则暗藏玄机的小谜语。同样的日常事物，我们有时需要用简洁的语言向他人介绍，有时却把它们藏在语句里，变成文字游戏。你是否也感受到了语言和事物之间联结的无限可能和无穷乐趣呢？

A LEER

• Texto 3-1

Regalo jaula **para** pájaros

Está seminueva[1]. Es grande y alta, de metal dorado. Tiene un soporte para ponerla en el suelo.

Llamar a Paloma: 333 639 333

Vendo patinete

Tiene ruedas anchas y manillar de goma. Es muy ligero, de color blanco, gris y negro. Está en perfecto estado. ¡Magnífico precio!

Preguntar por María[2]: 777 888 999

• Texto 3-2

Adivinanzas

Te la digo, te la digo,
te la vuelvo a repetir;
te la digo veinte veces
y no la sabes decir.

Blanca por dentro,
verde por fuera,
si quieres que te diga
qué fruta es, espera.

No es animal

pero es puma;

flota y vuela…

¿qué será?

No pienses[3] en otras cosas,

que las tienes en el mar,

o las ves llegar furiosas,

o las ves mansas llegar[4].

Oro no es,

plata no es.

Abre[5] la cajita

y verás lo que es.

A SABER

1 前缀 semi- 意为 "半" ，因此文中的 seminueva 意思是 "半新的" 。 "semi" 和 "nueva" 也可以分开书写，写作 "semi nueva" 。

2 preguntar por María 意为 "联系玛丽亚" 。preguntar por algo o alguien 意思是 "打听某事或某人" 。

3 no pienses 是动词 pensar 的命令式否定形式。命令式否定形式动词变位与虚拟式现在时一致，用于表达 "不要做某事" 。

4 o las ves mansas llegar 的上一句 o las ves llegar furiosas 是通常语序，这一句把 llegar 放在 mansas 后，是为了与第二句的 mar 押韵。

5 abre 是动词 abrir 的命令式第二人称单数变位形式。命令式的表达功能参见第 1 单元第 3 课。

A ENTENDER

regalar *tr.* 赠送	goma *f.* 橡胶
jaula *f.* 笼子	ligero, ra *adj.* 轻的
pájaro *m.* 鸟	estado *m.* 状态
dorado, da *adj.* 镀金的；金黄色的	vez *f.* 次，回
patinete *m.* 滑板车；踏板车	manso, sa *adj.* 温和的，温顺的
rueda *f.* 轮子	oro *m.* 金，黄金
manillar *m.* 车把	plata *f.* 银

1 Indica la jaula y el patinete mencionados en los anuncios: _____

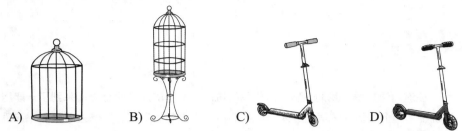

A)   B)   C)   D)

2 Escribe el sustantivo que corresponde a cada dibujo y la oración en la que está escondida la clave de la adivinanza:

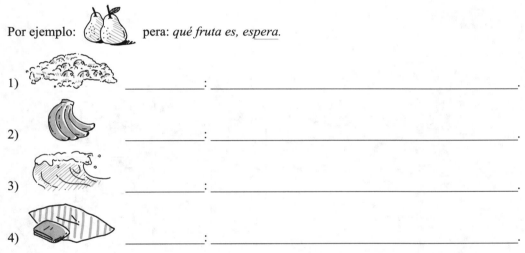

Por ejemplo: pera: *qué fruta es, espera.*

1) _____ : _____.

2) _____ : _____.

3) _____ : _____.

4) _____ : _____.

3 ¿Tienes algo en casa que no necesitas y que quieres regalar o vender? Escribe un anuncio:

Texto 4 ——————— La ciudad, la plaza y la alcoba
城市、广场和卧室

A PREPARARTE

在这篇课文里，我们来到一座美丽的城市，从它的广场沿着街道来到了一座房子，穿过院子，爬上楼梯……层层深入，直到遇见一只求救的鹦鹉，它想去哪里呢？这篇课文采用了有趣的回文体，让我们跟随奇妙的语句一探究竟吧。

A LEER

Esta es la bella ciudad
en la cual[1] hay una plaza.
Esta plaza da a una calle.
En la calle hay una casa;
dentro de[2] la casa, un patio;
en el patio, una escalera;
la escalera va a una sala
y la sala da a una alcoba.
En la alcoba hay una cama;
junto a[2] la cama, una mesa;
sobre[2] la mesa, una jaula;
dentro de la jaula, un loro,

que[1], gritando[3], pide a todos
que[1] le saquen[4] de la jaula,
que[1] está encima de[2] la mesa,
que[1] está al lado de[2] la cama,
que[1] está dentro de la alcoba,
que[1] está al lado de la sala,
donde[1] llega la escalera,
que[1] sube desde aquel patio,
que[1] está dentro de la casa,
que[1] hay en la pequeña calle,
que[1] comienza en una plaza,
que[1] hay en aquella ciudad.

A SABER

1. la cual 和下文中的 que、donde 都是引导形容词从句的关系代词，关系代词的表达功能参见第 1 单元第 2 课和第 2 单元第 2 课。
2. dentro de 和下文中的 junto a、sobre、encima de、al lado de 都是表示方位的介词或介词短语（locución prepositiva，具有介词功能的固定短语），它们通常与表示位置的系动词 estar 搭配使用，置于名词前。
3. gritando 是动词 gritar 的副动词形式。副动词的表达功能参见第 1 单元第 1 课。
4. saquen 是动词 sacar 的虚拟式现在时变位形式。此句中用虚拟式表示意愿、请求。

A ENTENDER

ciudad *f.* 城市	loro *m.* 鹦鹉
calle *f.* 街道	gritar *intr.* 叫，喊
dentro de 在……里面	pedir *tr.* 请求，要求
escalera *f.* 楼梯	sacar *tr.* 取出，拿出
sala *f.* 厅	encima de 在……上面
alcoba *f.* 卧室	al lado de 在……旁边
cama *f.* 床	aquel, aquella *adj.* （用于指离说话人和听话人都较远的人或物）那个；那些

A TRABAJAR

1. Indica si son verdaderas (V) o falsas (F) las siguientes interpretaciones del texto:

   1) (   ) La casa tiene un patio.
   2) (   ) La escalera conduce a la alcoba.
   3) (   ) La cama está al lado de la mesa.
   4) (   ) La jaula está en la cama.
   5) (   ) El loro está en la jaula, que está en la sala de la casa.

2. ¿Qué pide el loro gritando en la jaula?

   _____

3. Imagina que tú eres el loro, ¿qué vas a hacer si estás fuera de la jaula?

   _____
   _____

Las cosas difíciles se hacen comenzando por las fáciles;
una gran empresa despega con una labor pequeña.

天下难事，必作于易；天下大事，必作于细。

Unidad 7

¡A salir! 出游

Texto 1 — El encanto de mi ciudad
我可爱的城市

A PREPARARTE

在这一课里，我们将跟随小女孩胡利娅（Julia）在她的城市里愉快漫步，学习如何描述自己的步行路线；我们还会来到古巴首都哈瓦那的广场，参加"五一"国际劳动节庆典。在你的城市里，哪里是你最爱的去处呢？节日里，你的城市又是什么模样？

A LEER

• Texto 1–1

Un agradable paseo

Todos los martes[1], Julia sale del colegio y va hasta el final de la calle. Luego tuerce a la izquierda y continúa recto hasta llegar a la plaza. Después, tuerce a la derecha y en la esquina de la calle está el lugar donde trabaja su padre. ¡A Julia le encanta estar allí![2]

• Texto 1–2

Fiesta en la plaza

El Primero de Mayo[3] es el día de los trabajadores.

Ese día se celebra no solo en nuestro país. Es el Día de los Trabajadores de todo el mundo.

En La Habana las calles se llenan de gente. Todos se sienten contentos. Marchan en grupos hacia la Plaza. Llevan en sus manos flores, banderas, pañuelos.

En todos los grupos van niños.[4]

¡Es una gran fiesta de colores!

1 **todos los martes** 意思是"每周二"。西班牙语中表示周一到周五的名词均为单复数同形。

2 **¡A Julia le encanta estar allí!** 意为"胡利娅太喜欢到那里去了!"**encantar** 是不及物动词,与 **gustar** 属同类型,此类动词的表达功能参见第 3 单元第 3 课。

3 **el Primero de Mayo** 意为"五月一日"。每个月的第一天既可以说 **el uno de...**,也可以说 **el primero de...**。西班牙语中表示月份和日期的单词首字母一般不需要大写,此处因指特殊日期。

4 **En todos los grupos van niños.** 意思是"所有的队伍中都有孩子参与其中。"**ir** 在此处意为"有,存在"。

agradable *adj.* 令人愉快的	esquina *f.* 街角,拐角
paseo *m.* 散步	mundo *m.* 世界
final *m.* 最后,末尾,末端	La Habana 哈瓦那
torcer *intr.* 拐弯,改变方向	llenar *tr.* 使满,占满
izquierda *f.* 左边	sentirse *prnl.* 感到
continuar *intr.* 继续	marchar *intr.* 行走,行进
recto *adv.* 笔直地,径直地	grupo *m.* 群,组
derecha *f.* 右边	

1 ¿Por dónde pasa Julia? Observa el plano y completa con los nombres que corresponden:

1) Primero va hasta el final de la _____.

2) Luego gira a la izquierda en la _____.

3) Después llega a la _____.

4) Por último, tuerce a la derecha por la _____.

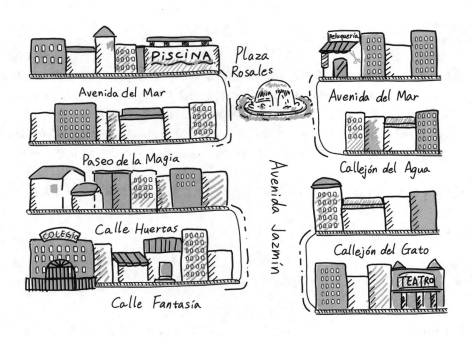

2 (   ) En Cuba el uno de mayo es el día de _____.

A) los Trabajadores   B) los Niños

C) las Banderas   D) la Plaza

3 ¿En tu país es también fiesta ese día? ¿Qué hace la gente de tu país ese día?

_____

_____

_____

_____

_____

Texto 2 ————— • Un paseo al zoológico • —————

漫步动物园

　　在这篇课文里，我们将开启一次动物园漫步之旅。你将会看见哪些动物？是否有你未曾见过的珍禽异兽？你最喜欢的动物是什么？美丽的、凶猛的，抑或是憨态可掬的……我们来学习怎样用西班牙语形容这些可爱的生灵吧。

¿Tú no has ido[1] al Zoológico?… Es un paseo muy bonito.

En el Parque Zoológico hay muchos animales. ¡Qué gusto da mirarlos de cerca[2], graciosos, ligeros…!

Verás[3] las fieras: el león, el tigre, el leopardo…

¡Seguro que te gustará[3] el elefante! Es un animal grande, pero manso. ¡Y hasta[4] lo enseñan a llevar a la gente sobre su enorme lomo!

¿Has visto[1] alguna vez la llama? Es muy bonita y tiene la mirada tan tierna como una niña cariñosa[5].

También verás retozar a los osos con el agua, a la zorra de hermosa cola y al canguro que camina dando saltos.

En las lagunas están los patos y los cisnes.

Oirás³ cantar a los pájaros de brillantes colores, que alegran el parque.

Pero ya sé lo que te va a gustar más. ¡Los monos! ¡Cómo te reirás³ con sus saltos y sus monerías!

Un paseo al Zoológico es inolvidable.

A SABER

1 has ido 和 has visto 分别是动词 ir 和 ver 的陈述式现在完成时变位形式。该时态的表达功能参见第 2 单元第 1 课。

2 ¡Qué gusto da mirarlos de cerca! 意思是"近距离看它们是多么让人愉快啊！"这句话里动词 dar 的主语是原形动词词组 mirarlos de cerca。

3 verás 和下文中的 gustará、oirás、te reirás 分别是动词 ver、gustar、oír 和 reírse 的陈述式将来未完成时变位形式。该时态的表达功能参见第 2 单元第 1 课。

4 hasta 在此处为副词，意思是"甚至"。

5 tan…como… 意思是"和……一样……"，这是西班牙语比较句中表示形容词相等比较的句型。

A ENTENDER

de cerca 近距离地	retozar *intr.* 欢蹦，欢跃
gracioso, sa *adj.* 诙谐的，有趣的	zorro, rra *m. f.* 狐狸
fiera *f.* 野兽	hermoso, sa *adj.* 美丽的
enseñar *tr.* 教	cola *f.* 尾巴
enorme *adj.* 巨大的	salto *m.* 跳，跳动
lomo *m.* （四足动物的）脊背，背部	pato *m.* 鸭子
llama *f.* 大羊驼	cisne *m.* 天鹅
mirada *f.* 目光；眼神	mono, na *m. f.* 猴子
tierno, na *adj.* 甜蜜的，温柔的	monería *f.* 猴相，猴子的表情动作
cariñoso, sa *adj.* 亲热的，亲切的	inolvidable *adj.* 难忘的

1 Completa las siguientes oraciones con los nombres de animales correspondientes:

1) _____ lleva a la gente sobre su enorme lomo.

2) _____ son fieras.

3) _____ están en las lagunas.

4) _____ tiene la mirada tierna como una niña cariñosa.

5) _____ te harán reír mucho con sus saltos y monerías.

6) _____ tiene una cola hermosa.

2 (   ) ¿Cuál de los siguientes animales NO es una fiera?

A) Leopardo.   B) León.   C) Oso.   D) Cisne.

3 ¿Cuál es tu animal favorito en el zoológico de este texto? ¿Cómo vas a describirlo?

_____

_____

_____

_____

_____

Texto 3 ━━━━ •(Mírame y no me toques)• ━━━━

看我，但别碰我

A PREPARARTE

在这篇课文里，我们将跟随作者去参观一座尼加拉瓜的博物馆。博物馆里陈列着哪些富有当地特色的展品？参观博物馆有哪些注意事项？如果遇到了珍奇的展品，我们该如何抵御伸手去触摸的强烈诱惑？怎样才是文明参观博物馆的最佳方式？作者会教你一个好方法！

A LEER

Hay lugares preciosos, que podrían[1] llamarse "Mírame y no me toques[2]". Pero no se llaman así, sino museos. En casi todos los pueblos hay varios de ellos.

Unos tienen pinturas y estatuas. Otros, muebles, cristales o cosas de loza. Otros, objetos como cazuelas, hachas, flechas. Otros, animales que parecen vivos. En fin, lugares donde se puede ver lo que no se ve en ninguna otra parte[3].

Por eso ir a los museos es emocionante: puede uno encontrarse, de pronto, en el Sitio Histórico Hacienda San Jacinto[4] o conocer cualquier[5] lugar histórico.

Los museos son para mirar solamente. Si todo el mundo[6] empieza a tocar, lo mismo un cuadro que un caracolito[7], pronto acabarán por estropearlo. Sí, las cosas que se guardan[3] en los museos es para conservarlas bien.

Por eso, cuando se visitan[3], para evitar la tentación, mejor es poner las manos a la espalda. Así no hay peligro.

1 podrían 是动词 poder 的陈述式简单条件时变位形式，此句中该时态用以表示礼貌、谦逊，使句子语气变得婉转。

2 Mírame y no me toques 意思是"看我但别碰我"。mírame 是动词 mirarme 命令式的肯定形式，no me toques 是动词 tocarme 命令式的否定形式。

3 se puede ver lo que no se ve en ninguna otra parte 意思是"可以看到别的地方看不到的东西"。其中的 se ve 是动词 ver 的自复被动形式，下文中的 se guardan 和 se visitan 同属自复被动。自复被动的表达功能参见第 1 单元第 1 课。

4 Sitio Histórico Hacienda San Jacinto 即尼加拉瓜圣哈辛托庄园历史博物馆，坐落于该国首都马那瓜，纪念的是尼加拉瓜人在 1856 年圣哈辛托战役中所取得的胜利。

5 形容词 cualquiera 意思是"任何的，任意一个"，置于名词单数形式前时要去尾，变成 cualquier。

6 todo el mundo 在此处的意思是"所有人"。

7 lo mismo un cuadro que un caracolito 意思是"就像（触摸）小蜗牛一样（触摸）一幅画"。

A ENTENDER

museo *m.* 博物馆	de pronto 突然
casi *adv.* 几乎，将近	solamente *adv.* 仅仅，只是
pintura *f.* 绘画；绘画作品	caracol *m.* 蜗牛
estatua *f.* 雕塑	acabar por 终于，结束于
mueble *m.* 家具	estropear *tr.* 损坏，毁坏
loza *f.* 陶，瓷	guardar *tr.* 收藏；收存
cazuela *f.* 锅；砂锅	evitar *tr.* 避免
hacha *f.* 斧子	espalda *f.* 背，背部
flecha *f.* 箭	peligro *m.* 危险
encontrarse *prnl.* 置身，处在（某地或境遇）	

A TRABAJAR

1 (   ) Según el texto, ¿qué es lo que NO hay en los museos?

A) Obras artísticas.   B) Objetos históricos.

C) Animales vivos.   D) Lo que no se puede ver en ninguna otra parte.

2 (   ) ¿Qué debemos hacer cuando visitamos un museo?

A) Mirar.   B) Tocar.   C) Estropear.   D) Guardar.

3 Según el autor, ¿qué es lo mejor que se puede hacer para evitar la tentación cuando se visitan los museos?

_____

Para conocer la horizontal y la vertical es necesario usar la plomada;
para trazar una circunferencia y un cuadrado son necesarios el compás y la escuadra.

欲知平直，则必准绳；欲知方圆，则必规矩。

Unidad 8

Animales 动物

Texto 1 ·— Nos casamos y tenemos una casa

成家

在这一课里，我们将去参加一场海底婚礼：新郎新娘是谁？来了哪些宾客？海底的亲友们如何见证这一幸福的时刻，他们会向新人们投掷什么来表达祝福？……随后我们将看到动物们形形色色的家：长颈鹿的家有没有屋顶？小鱼们的家里有没有雨伞？蜈蚣的房子到底该有多少扇门？……跟随作者奇妙的文字来沉浸体验动物的世界吧。

• Texto 1–1

Parte de boda

En una carroza blanca
tirada por la Ocarina,
mañana por la mañana[1]
y en la iglesia submarina,
dicen que van a casarse
el Pingüino y la **Pingüina**[2].
Está invitada a la boda
toda la fauna marina.
Don[3] Tiburón, el padrino,
doña[3] Foca, la madrina.

Firmarán[4], como testigos,

con tinta calamarina[5],
Caracol y **Caracola**[2],
Boqueroncillo[6] y Sardina,
Salmonete y Bacalao,
Langostino y **Langostina**[2],
y el Caballito de Mar[6]
con su Caballa salina.

En vez de arroz tirarán
granitos de sal[6] muy fina
y le llevarán la cola
el Delfín y la **Delfina**[2].

La casa

La casa de la jirafa
no tiene techo
para asomar la cabeza
sin que se le arrugue[7] el cuello.

La casa de la tortuga
es paseandera;
pero nunca camina,
siempre la llevan.

En la casa del pingüino
no hay heladera.
Hace tanto frío adentro
como afuera.

En la casa de los peces
no usan paraguas[8];
porque cuando[9] llueve les gusta
mojarse siempre la cara.

Y en la casa del ciempiés
hay muchas puertas,
mientras[9] salen veinte pies
los otros ochenta entran.

1. mañana por la mañana 意思是"明天上午"。句中的前一个mañana为副词,意为"明天",后一个mañana是名词,意为"上午"。

2. pingüina是名词 pingüino 的阴性形式。在西班牙语中 pingüino(企鹅)一般仅使用阳性形式,当要表达"雌性企鹅"时,会使用 el pingüino hembra。本文中对此类动物名词作了拟人化处理。下文中的caracola、langostina和delfina属相同情况。

3. don和doña分别是对男人和女人的尊称,只用于名字(而非姓氏)之前。

4. firmarán是动词 firmar(签字)的陈述式将来未完成时变位形式。该时态的表达功能参见第2单元第1课。

5. tinta calamarina 中的calamarina是作者以 calamar(枪乌贼,鱿鱼)为词根衍生杜撰的形容词,整个词组的意思是"乌贼的墨汁"。

6. boqueroncillo、caballito de mar、granitos de sal 分别是 boquerón(欧洲鳀鱼)、caballo de mar(海马)和 granos de sal(盐粒)的指小词形式。

7. arrugue是动词 arrugar(弄皱)的虚拟式现在时变位形式。此处由于主句表否定(sin que...),从句中动词需使用虚拟式。

8. paraguas(雨伞)是单复数同形的名词。

9. cuando和mientras两者都是用于时间从句的连接副词,表示主句和从句动词的行动同时发生。

boda f. 婚礼	langostino m. 对虾
carroza f. 彩车;华丽马车	caballo de mar 海马
ocarina f. 奥卡利那笛,一种陶制或金属制卵形吹奏乐器	en vez de 代替
iglesia f. 教堂	arroz m. 米
casarse prnl. 结婚	grano m.(谷物、果实的)颗粒
pingüino m. 企鹅	sal f. 盐
fauna f.(某一地区的)动物群	delfín m. 海豚
tiburón m. 鲨鱼	techo m. 天花板
padrino, madrina m. f. 伴郎,伴娘;教父,教母	asomar tr. 露出,显露
foca f. 海豹	cuello m. 颈,脖子
testigo m. f. 证人;见证人	paseandero, ra adj. 走来走去的
tinta f. 墨水;颜料	heladera f. 冰箱
caracol m. 蜗牛	pez m. 鱼
boquerón m.(欧洲)鳀鱼	paraguas m. 雨伞
sardina f. 沙丁鱼	mojar tr. 打湿,淋湿
salmonete m. 羊鱼	ciempiés m. 蜈蚣
bacalao m. 大西洋鳕	

1 Escribe los nombres de estos personajes del poema:

1) El novio: _____

2) La novia: _____

3) El padrino: _____

4) La madrina: _____

2 Inventa y escribe los nombres de algunos invitados a la boda:

Por ejemplo: *Doña Sardina, Don Tiburón, y...*

_____

3 Relaciona el nombre del animal con las palabras clave de su casa e intenta contar las características de la casa:

Por ejemplo: *la tortuga – paseandera. La casa de la tortuga es paseandera, pero no tiene que caminar porque la tortuga la lleva.*

peces	sin techo
ciempiés	mucho frío
jirafa	muchas puertas
pingüino	no hay paraguas

_____

_____

Texto 2 ——— • ¡Voy a comérmelos a todos! •

我要把你们统统吃掉！

A PREPARARTE

你还记得小时候玩过"老狼老狼几点钟"的游戏吗？在这一课里我们会看到，原来这个游戏还有西班牙语的版本，你觉得在西班牙语版本里，孩子们和老狼会如何互动？

A LEER

Juguemos[1] en el bosque
mientras el lobo no está.
–¿Lobo estás?
–Me estoy poniendo[2] los pantalones.

Juguemos en el bosque
mientras el lobo no está.
–¿Lobo estás?
–Me estoy poniendo el chaleco.

Juguemos en el bosque
mientras el lobo no está.
–¿Lobo estás?
–Me estoy poniendo la chaqueta.

Juguemos en el bosque
mientras el lobo no está.
–¿Lobo estás?
–Me estoy poniendo el sombrero.

Juguemos en el bosque
mientras el lobo no está.
–¿Lobo estás?
–¡Sí estoy listo y salgo para comérmelos[3] a todos[4]!

1. juguemos 是动词 jugar 的命令式变位形式。命令式的表达功能参见第 1 单元第 3 课。
2. me estoy poniendo 是由助动词 estar 加动词 ponerse 的副动词形式构成的，表示正在进行的行动。由于 ponerse 为代词式动词，其代词部分根据主语变为 me，置于助动词之前或置于副动词 poniendo 之后，并与之连写为 estoy poniéndome los pantalones。
3. comérmelos 意思是"（我要）把它们全部吃掉"，其中的代词 me 与 comer 组成代词式动词，在这里表示夸张意义。
4. 这里的 todos 即 comérmelos 中的宾格代词 los 所指代的对象，代词和宾语同时出现在句中，构成复指，起到强调的作用。

bosque *m.* 森林	chaqueta *f.* 外衣，外套
lobo, ba *m. f.* 狼	sombrero *m.* 帽子
chaleco *m.* 背心，马甲	listo, ta *adj.* 准备就绪的

1. ¿Qué prendas se está poniendo el lobo antes de estar listo para comerse a los niños? Escribe según el orden de la canción:

   Prenda 1 [   ] ⇨ Prenda 2 [   ] ⇨ Prenda 3 [   ]
   ⇨ Prenda 4 [   ]

2. Si los niños juegan con una loba en el bosque, ¿qué prendas se va a poner la loba? Intenta inventar una versión nueva de la canción *Juguemos en el bosque*: *La loba*:

   _____
   _____
   _____
   _____
   _____
   _____

3. ¿Cuáles son las preguntas de los niños y las respuestas del lobo en la versión popular de China? ¿Sabes escribirlas en español?

   _____

━━━━━━ ⟨ **La tortuga que sueña** ⟩ ━━━━━━

做梦的乌龟

在这篇课文里，我们将读到一只乌龟做梦的故事。我们要怎样做才能不打扰它的好梦？小乌龟在梦中向我们吐露着什么秘密？我们聚气凝神、屏住呼吸，是否就能聆听到神秘的声息？一起跟随作者的文字潜入安静的梦中吧！

A LEER

¿Quieren escuchar el cuento de la tortuga que sueña?

Entonces, ¡Leamos[1]! Dejemos[1] de gritar, no estornudemos[2], respiremos[1] lentamente, no hagamos[2] ruido al comer, no pisemos[2] nada que truene: ni la hoja del cuaderno, ¡mucho menos[3] los lentes de la abuela!

No movamos[2] las piernas, no nos volvamos[2] a acomodar en la silla. Apaguemos[1] la tele, apaguemos la computadora, apaguemos la radio.

La tortuga que sueña deja escapar[4] un ruidoso sonido de sus labios, un sonido quedito y suave, con un poco de aliento y restos de lo que comió[5]. Son todos los secretos del mundo, todas las verdades del mundo, todas las respuestas del mundo. Pero hagamos[1] silencio – ¡Shhhh!, silencio, que nadie hable[6] –. No la miremos con las orejas[7].

Quitemos[1] de en medio[8] todo lo que pueda romperse. Alejemos[1] el mosquito que hace ruido, no hagamos[2] preguntas tontas, no vayamos[2] de aquí para allá… y hagan callar[4] a ese perro que ladra por horas, que la tortuga ahora está por despertar[9].

1. leamos 是动词 leer 的命令式变位形式，下文中的 dejemos、respiremos、apaguemos、quitemos 等同属此类。命令式的表达功能参见第 1 单元第 3 课。

2. no estornudemos 是动词 estornudar（打喷嚏）的命令式否定形式，下文中的 no hagamos、no pisemos、no movamos 等同属此类。命令式否定形式的表达功能参见第 6 单元第 3 课。

3. mucho menos 意思是"更不用说……"，也可写作 ni mucho menos。

4. deja escapar 是动词短语 dejar escapar 的陈述式现在时变位形式，意思是"释放出"，它和下文的 hacer callar（意为"使……安静"）都是动词短语，由助动词和原形动词构成。

5. comió 是动词 comer 的陈述式简单过去时变位形式。该时态的表达功能参见第 4 单元第 2 课。

6. que nadie hable 这一结构由 que 加虚拟式表达愿望、请求，意为"谁都不要说话。"

7. No la miremos con las orejas. 意为"我们别用耳朵关注它。"此处的 mirar 由本义"看"引申为"关注、注意"。

8. quitemos de en medio 其中的两个介词 de 和 en 结合在一起，为介词重叠用法，表示比较复杂的关系，意为"从当中取出来"。

9. está por despertar 意为"马上就要醒来"。

cuento *m.* 故事	apagar *tr.* 熄灭
soñar *intr.* 做梦，梦见	sonido *m.* 声音，声响
estornudar *intr.* 打喷嚏	labio *m.* 嘴唇
respirar *intr.* 呼吸	quedo, da *adj.* 安静的，平静的
lentamente *adv.* 慢慢地	aliento *m.* 哈气，口中呼出的气
ruido *m.* 声音，声响	restos *pl.* 残渣
pisar *tr.* 踩	alejar *tr.* 使远离；赶走
tronar *intr.* 发出雷鸣般的声响	callar *intr.* 沉默；住口；停止鸣叫
hoja *f.*（纸的）张	perro *m.* 狗，犬
acomodarse *prnl.* 就坐，置身	ladrar *intr.*（狗）叫，吠

1 (   ) ¿Qué no debemos hacer para no despertar a la tortuga que sueña?

A) Respirar.   B) Estornudar.

C) Dormir.   D) Comer.

2 (   ) ¿Qué debemos apagar?

A) Computadora.   B) Silla.

C) Silencio.   D) Preguntas.

3 (   ) La tortuga que sueña deja escapar _____.

A) aliento y labios   B) mosquitos y preguntas

C) perros y ladridos   D) secretos y verdades

4 ¿Qué va a contarnos de su sueño la tortuga al despertarse?

_____

_____

_____

_____

_____

Unidad 9

Naturaleza 自然界

Texto 1 — Treinta días trae noviembre

十一月有三十天

A PREPARARTE

　　"寒来暑往，秋收冬藏"。在这一课里，我们将读到一篇讲述四季和月份的西班牙儿歌。"一月大，二月平，三月大……"你是否还记得小时候是如何记住每个月有几天的？让我们一起来了解西班牙的传统歌谣里怎样述说岁月和寒暑。

A LEER

Treinta días trae noviembre,
con abril, junio y septiembre.
De veintiocho solo hay uno.
Y los demás, treinta y uno.

La primavera pasa ligera.
Al revés que el invierno[1],
que se hace eterno.

No hay primavera sin flores,
ni verano sin calores,
ni otoño sin racimos,
ni invierno sin nieve y frío.

Frío en invierno,
calor en verano.
¡Eso es lo sano![2]

1 al revés que el invierno 意思是"和冬天相反"。

2 ¡Eso es lo sano! 意思是"这才是健康的事！"中性冠词 lo 与形容词 sano 结合构成名词。

A ENTENDER

treinta *num.* 三十	invierno *m.* 冬天
traer *tr.* 带来，拿来	eterno, na *adj.* 永恒的，永久的
noviembre *m.* 十一月	verano *m.* 夏天
abril *m.* 四月	calor *m.* 热
junio *m.* 六月	otoño *m.* 秋天
septiembre *m.* 九月	racimo *m.*（葡萄等的）串
veintiocho *num.* 二十八	nieve *f.* 雪
demás *pron.* 其他的人或事物	frío *m.* 冷，寒冷
primavera *f.* 春天	sano, na *adj.* 健康的

A TRABAJAR

1 (　　) Los demás, treinta y uno. Aquí *los demás* significa los demás _____.

A) días　　　　B) meses　　　　C) años　　　　D) periodos

2 (　　) La primavera pasa ligera. La palabra *ligero* aquí significa _____.

A) bonito　　　　B) bueno　　　　C) pequeño　　　　D) rápido

3 Según el texto, ¿qué es lo sano?

_____

4 ¿Qué costumbres tradicionales tenemos los chinos en cada estación del año?

_____

_____

_____

_____

Poemar

海的诗，诗的海

在这一课里，作者将 poema（诗）和 mar（海）融为一个奇妙的词语—— poemar，
"海的诗？诗的海？"这一篇短诗的魅力在于它的韵律：每行五个音节，全部押一个韵脚
"-a-a"，朗朗上口，富有节奏。

Mar agitada[1],

la marejada,

la mar picada[1]…

¡Qué mareada!

La mar rizada[1],

la mar calmada[1],

la mar salada[1]…

¡Qué mar tan rara![2]

1. agitada 是动词 agitar（搅动）的过去分词，在这里作为形容词，与修饰的名词保持性数一致，如果动词是及物动词，则具有被动的含义，意为"被搅动的"。下文的 picada、rizada、calmada 和 salada 都属于这类情况。

2. ¡Qué mar tan rara! 是感叹句，意为"多么奇怪的海！"

poema *m.* 诗	rizar *tr.* 使卷曲；使（水面）起涟漪
agitar *tr.* 搅动；使不平静	calmar *tr.* 使平静，使安静
marejada *f.* 波涛，浪潮	salar *tr.*（在食物中）加盐，使有咸味
picarse *prnl.*（海面）起浪	raro, ra *adj.* 怪异的，奇特的
marearse *prnl.* 晕船（车）	

1. Indica si son verdaderas (V) o falsas (F) las siguientes interpretaciones del texto:

1) (　　　) La mar es salada.

2) (　　　) Cuando en la mar hay marejada, uno se siente mareado.

3) (　　　) La mar está agitada siempre.

2. Rellena las frases con otros sustantivos que puedan tener las mismas características que la mar:

1) El _____ es salado.

2) La _____ está agitada.

3) Las _____ están calmadas por la noche.

4) _____ es rizado.

5) _____ es raro.

3. Para ti, ¿cómo es la mar?

_____

Texto 3 —— La Tierra y la Luna

地球和月球

A PREPARARTE

日月生辉，它们的光芒来自哪里？我们生活的地球如何与它们在浩瀚的宇宙里同生息？在这一课里，我们会读到一篇来自厄瓜多尔的科普文章，寥寥数语，这些天体之间的关联就清晰、生动地展现在我们眼前。

A LEER

La Tierra[1] es el planeta donde vivimos.

No tiene luz propia[2]. Recibe la luz y el calor del Sol.

La Tierra da vueltas alrededor del Sol.

Y gira sobre sí misma[3].

Cuando una parte de la Tierra está iluminada por[4] el Sol, es de día.

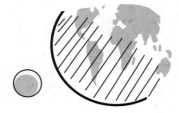

Y cuando no, es de noche. En la noche se ve la Luna[1].

La Luna gira a su alrededor. La Luna tampoco tiene luz propia. El Sol la ilumina.

1　名词 tierra 和 luna 在表示"地球"和"月球"的时候，首字母要大写，写成 Tierra 和 Luna。

2　形容词 propio 意为"自身的，自己的"。当它置于名词之前时，通常要在前面加上非重读物主形容词，如："Tiene su propia casa."（他有自己的房子。）；当它置于名词之后时，则不需要加非重读物主形容词，如："Tiene casa propia."。

3　此处 sí 是介词格代词第三人称单数形式，与介词连用作补语，表示动词行为的对象与主语一致。sí 可与形容词 mismo（同一的，本身的）连用，加强语气，意为"它自己"。

4　está iluminada por 意为"处于被……照亮的状态"。iluminada 是动词 iluminar 的过去分词形式，estar 加过去分词构成的动词短语表示一个完成的动作所产生的结果。

A ENTENDER

Tierra f. 地球	vuelta f.（转动或缠绕的）圈，周
planeta m. 行星	alrededor de 在……周围
luz f. 光，光线	Luna f. 月球；月亮
recibir tr. 接到，收到，得到	iluminar tr. 照耀，照亮，照明
calor m. 热；热能，热量	

A TRABAJAR

1　Indica si son verdaderas (V) o falsas (F) las siguientes interpretaciones del texto:

1) (　　) En la noche se ve la Luna porque tiene luz propia.

2) (　　) La Luna gira alrededor de la Tierra.

3) (　　) El Sol ilumina nuestro planeta y también la Luna.

2　Describe la relación entre los dos sustantivos de cada grupo con la palabra indicada entre paréntesis:

1) la Luna, la Tierra (girar)

_____

2) la Tierra, el Sol (vueltas, recibir)

_____

3) el Sol, la Luna (iluminar)

_____

3　¿Por qué en nuestro planeta existen el día y la noche? Explica con tus propias palabras:

_____

_____

Texto 4 — Los cuatro elementos

四大元素

A PREPARARTE

在这一课里，我们会读到一首描述自然界四大元素——风、火、水、土的童谣。文章的每一段都从不同的角度描述了四种元素各自的形态和特征，语辞押韵，朗朗上口。在最后一段中，作者提出了困惑：由这些元素孕育出来的人类，在这些元素中又是如何自处的呢？中国古代哲学家也用"五行"理论来诠释世界万物的形成及其相互关系，你是否能说出是哪五种元素？它们如何相生相克？我们又是如何置身其中？

A LEER

El aire es refrescante[1],

el fuego es devorante[1],

la tierra es girante[1],

el agua[2] es muy diferente.

El aire es siempre viento,

el fuego es siempre movimiento,

la tierra es siempre viviente[1],

el agua es muy diferente.

El aire es siempre cambiante[1],

el fuego es siempre comiente[1],

la tierra es siempre germinante[1],

el agua es muy diferente.

Y aún más[3], estos curiosos hombres,

especies de vivientes,

que nunca se sienten bien

en su verdadero elemento.

1. 西班牙语中有一类形容词由动词词根加上词尾 -ante、-ente、-iente 构成，例如 refrescar – refrescante、girar – girante，意思是"能……（进行动词所表示的动作或产生相应效果）的"。下文中的 devorante、girante、viviente 等均属于这种类型。

2. agua 是阴性名词，但是由于首字母是 a，同时单词重音也落在首字母 a 上，这一类情况在名词本身是单数时需要加阳性单数定冠词 el，如需要加不定冠词时应加阳性单数不定冠词 un。

3. aún más 在这里相当于 es más，意为"不仅如此，更有甚者"。

refrescante *adj.* 凉爽的，清凉的	cambiante *adj.* 正在改变着的，变化不定的
fuego *m.* 火	comiente *adj.* 能吞没的
devorante *adj.* 能吞噬的	germinante *adj.* 能萌芽的
girante *adj.* 转动的；旋转的	curioso, sa *adj.* 好奇的；新奇的
agua *f.* 水	hombre *m.* 人；人类；男人
siempre *adv.* 永远，总是	especie *f.* 种类，类型，类别
movimiento *m.* 动，移动	verdadero, ra *adj.* 真实的，确实的
viviente *adj.* 有生命的；活着的	elemento *m.* 要素；因素

1. Busca en el poema los adjetivos derivados de los siguientes verbos:

1) cambiar: _____

2) vivir: _____

3) girar: _____

4) refrescar: _____

5) devorar: _____

2. Usa la estructura del poema y escribe una nueva versión, *Los cuatro elementos de mi casa*:

_____ es _____,

_____ es _____,

_____ es _____,

yo soy muy diferente.

3. En tu opinión, ¿por qué *los hombres nunca se sienten bien en su verdadero elemento*?

_____

Texto 5 ——— ● La bella vida
美好的生活

A PREPARARTE

在这一课里，我们会在久雨初晴、阳光明媚的下午，来到西班牙小镇托雷西利亚斯
（Torrecillas）的广场，看看那里属于孩子、老人和小鸟们的岁月静好。而另一篇来自智
利的童谣，却带我们去想象：如果失去了森林，地球会是怎样的？它会如何伤心？如何孤
单？如何死寂？又将如何空虚？……

A LEER

• Texto 5-1

Tarde soleada

Después de varios días de lluvia, hoy luce el sol en el tranquilo pueblo de Torrecillas[1] y la gente sale a la calle.

Los niños mayores juegan con un barquito de papel, mientras que[2] los más pequeños chapotean en los charcos.

Los abuelos, con sus paraguas cerrados, charlan muy animados[3].

Los pájaros trinan y parecen más contentos que de costumbre[4].

En fin… ¡un rato muy agradable para estos vecinos de Torrecillas!

La Tierra sin bosques

La Tierra sin bosques
sería[5] tan triste
como un pajarito
que no tiene alpiste.

La Tierra sin bosques
estaría[5] tan sola
como una playa
que no tiene olas.

La Tierra sin bosques
estaría tan muerta
como una guitarra
que no tiene cuerdas.

La Tierra sin bosques
sería tan vacía
como una semana
que no tiene días.

A SABER

1　托雷西利亚斯（Torrecillas）全称托雷西利亚斯德拉铁撒（Torrecillas de la Tiesa），是西班牙自治区埃斯特雷马杜拉（Extremadura）卡塞雷斯（Cáceres）省的一个市镇，总面积 140 平方公里。2022 年公布的数据显示，该市镇总人口 1067 人。

2　mientras que 是连接词短语，意为"而，相反"，带有转折的意思。

3　过去分词 animado（欢快的，兴奋的）在这里作为双重补语使用，要随主语变化性数。

4　parecen más contentos que de costumbre 意为"看上去比平时更高兴"。

5　sería 和 estaría 分别是动词 ser 和 estar 的陈述式简单条件时变位形式。这种时态在这里表示现在或将来难以实现的行动，或者对事物将来状态可能性较低的猜测。

soleado, da *adj.* 阳光充足的	en fin 总之
lluvia *f.* 下雨；雨	rato *m.* 片刻，短暂的时间
lucir *intr.* 发光，发亮	vecino, na *m. f.* 居民；邻居
papel *m.* 纸	bosque *m.* 森林
chapotear *intr.* 使水花四溅	alpiste *m.* 一种藕草
charco *m.* 水坑，水塘	solo, la *adj* 孤独的
charlar *intr.* 谈话，聊天	playa *f.* 海滩
trinar *intr.* （鸟）啼啭	guitarra *f.* 吉他
contento, ta *adj.* 高兴的，满意的	cuerda *f.* 琴弦
de costumbre 通常情况下	vacío, a *adj* 空的，空着的

1 (   ) ¿Dónde sucede la escena del texto 5–1?

    A) En la playa.   B) En la calle.

    C) En el bosque.   D) En el campo.

2 (   ) ¿Quiénes están jugando en los charcos?

    A) Los abuelos.   B) Los niños pequeños.

    C) Los niños mayores.   D) Los pájaros.

3 Relaciona las frases con los adjetivos correspondientes:

    una playa sin olas   sola

    una guitarra sin cuerdas   vacía

    un pajarito sin alpiste   triste

    una semana sin días   muerta

4 En tu imaginación, ¿cómo estaría la Tierra sin bosques?

_____

_____

_____

Texto 6 ⎯⎯⎯⎯ ·(¡Achachay[1]… qué frío!)· ⎯⎯⎯⎯
真冷啊！

A PREPARARTE

在这一课里，我们来到了寒冷的极地。南极和北极有什么不同？到底哪一边更加寒冷？它们各自有什么样的动物和植被？有哪些人居住在那里？让我们在这一篇来自赤道之国——厄瓜多尔（Ecuador）的科普短文里确认答案吧。

A LEER

Seguramente sabes que los esquimales viven en el polo, pero… ¿en qué polo? Porque hay dos polos: el Polo Norte y el Polo Sur. Y los dos son muy diferentes.

Aunque en los dos polos hace mucho frío, entre ambos hay diferencias de temperatura. En el Polo Sur el frío es extremo: suele haber[2] unos[3] 55 grados centígrados[4] bajo cero[5]. En cambio, en el Polo Norte el frío es menos intenso gracias a las corrientes marinas.

También existen diferencias en la vegetación. En el Polo Norte se pueden encontrar hierbas, musgos e incluso alguna planta en flor. Por el contrario, en el Polo Sur prácticamente no hay vegetación.

Muy diferente es también la fauna que habita en uno y otro polo. En el Polo Norte viven osos, zorros, lobos, liebres, morsas y otras muchas especies de animales que se han adaptado[6] al frío. En cambio, en el Polo Sur tan solo viven los pingüinos, pequeños insectos, peces y algunos mamíferos marinos como las ballenas.

Otra diferencia entre los polos son sus habitantes. Mientras en el Polo Norte viven algunos pueblos como los esquimales, en el Polo Sur viven equipos de científicos y militares.

A SABER

1 achachay 是厄瓜多尔方言中的感叹词，意思是"很冷"。

2 haber 是无人称及物动词 hay 的动词原形。由于 hay 在无人称句中始终为单数形式，因此在动词短语 soler haber 中的助动词 soler 也相应变位为第三人称单数形式。

3 不定冠词 uno、una 的复数形式置于数词之前时，意为"大约，将近"。

4 grados centígrados 意为"摄氏度"。

5 bajo cero 意为"零下"。

6 se han adaptado 是自复动词 adaptarse 的陈述式现在完成时变位形式。该时态的表达功能参见第 2 单元第 1 课。

A ENTENDER

esquimal *m. f.* 因纽特人	en flor 开花的
polo *m.*（天，地）极	por el contrario 正相反
norte *m.* 北，北方，北部	prácticamente *adv.* 实际上，事实上
sur *m.* 南，南方，南部	habitar *tr. intr.* 居住；栖息
aunque *conj.* 虽然，尽管，即使	liebre *f.* 兔，野兔
ambos, bas *adj. pl. pron.* 两个，双方	morsa *f.* 海象
en cambio 而，相反	mamífero *m.* 哺乳动物
corriente *f.*（空气、水、电等的）流	ballena *f.* 鲸
existir *intr.* 存在，有	equipo *m.*（劳动或体育运动的）队，组
vegetación *f.* 植物；植被	científico, ca *m. f.* 科学家
musgo *m.* 苔藓，地衣	militar *m. f.* 军人

A TRABAJAR

1 Relaciona los sustantivos o las frases con el polo correspondiente:

oso polar

científicos y militares

esquimales   el Polo Norte

plantas en flor

pingüino

liebres y lobos   el Polo Sur

frío extremo

2 Indica si son verdaderas (V) o falsas (F) las siguientes interpretaciones del texto:

1) (   ) Las temperaturas de ambos polos son iguales.

2) (   ) En el Polo Sur casi no existe vegetación.

3) (   ) En el Polo Norte hace menos frío porque está más cerca del Sol.

4) (   ) Aunque en ambos polos hace muchísimo frío, habitan en ellos algunos pueblos.

3 Si tienes oportunidad de hacerlo, ¿cuál de los dos polos vas a visitar y por qué?

Clave

参考答案

Unidad 1 ———— (Lenguas y lectura) ————

Texto 1   Lenguaje y lenguas

1 A

2 D

3 Además del castellano, se hablan también vasco, gallego y catalán en España.

4 Respuesta libre. (Por ejemplo: Aprendemos lenguas extranjeras para comunicarnos con gente de diversas culturas.)

Texto 2   Los libros

1 D

2 B

3 Respuesta libre. (Por ejemplo: El marino ve a la princesa en el espejo de agua. Piensa que se va la princesa pero ella se viene cada vez más cerca, hasta que se cae en el agua.)

Texto 3   Decálogo para fomentar la lectura

1 C

2 B

3 Respuesta libre. (Por ejemplo: Lee 15 minutos al menos a diario. A veces no tengo mucho tiempo para leer, sin embargo, una pequeña lectura también me ayuda a mantener la costumbre.)

Unidad 2 ———— (Familia) ————

Texto 1   Notas

1 Marta.

2 La nota A: a la mamá de Marta
La nota B: al papá de Marta
La nota C: a su amigo/compañero Carlos

3 C – A – B

4 Una nota debe ser corta y se debe dejar en un lugar bien visible.

5 Respuesta libre. (Por ejemplo: Luis: Gracias por ayudarme con los ejercicios de matemáticas. Marta)

Texto 2   ¡Qué alegre es mi hogar!

1 1) limpiar
2) arreglar
3) planchar
4) cocinar

2 D

3 conversan, estudian, juegan, pasean, se quieren, se respetan, viven

4 Respuesta libre. (Por ejemplo: En mi familia también vivimos felices. Siempre estudiamos mi hermano y yo. Mis padres van a pasear juntos todos los días. Nos queremos mucho y nos respetamos, pero eso sí, cuando estamos ocupados, no nos conversamos tanto.)

Texto 3   A las siete

1 B – C – D – A

2 1) V
2) F
3) F

3 Respuesta libre. (Por ejemplo: ¡Pero, vamos, Enrique! ¡Come rápido! ¡Apúrate, o vas a llegar tarde! ¡Vamos, vamos, vamos, hijo mío!)

Unidad 3 ──────── Personas

Texto 1   Mi cara

1 1) cara: carita
2) ojo: ojito
3) nariz: naricita

2 boca – comer, hablar, reír
nariz – hacer achís
ojos – ver

3 Respuesta libre. (Por ejemplo: En mi cara pequeñita, tengo ojos pequeñitos y nariz pequeñita, también una boquita. Con mis ojos veo tus ojos, con mi nariz huelo el maíz, con mi boca hablo y como.)

Texto 2   Preposiciones

1 cosquilla, silla, amarilla, mejilla, patilla, rodilla, barbilla...

2 1) pobrecillo / pobrecilla   2) bolsillo   3) chiquilla

3 Respuesta libre. (Por ejemplo: El gatito se pone sobre mi cara, de la barbilla hacia las costillas, bajo mis brazos y entre mis rodillas, ¡qué cosquillas!)

Texto 3   Mario es mi hermano mayor

1 Mario es – simpático.
Mario tiene – el pelo corto. / Mario tiene – unos ojos pequeños. / Mario tiene – 20 años.
Mario lleva – el pelo corto.
Mario va vestido con – ropa deportiva moderna.
El pelo de Mario es – castaño.

2 B

3 para describir rasgos físicos
alto, delgado, fuerte, bajo, esbelto, gordo
para describir rasgos de carácter
generoso, abierto, sensible, firme, activo

4 Respuesta libre. (Por ejemplo: Yo soy bastante alto y delgado. Tengo unos ojos grandes y llevo el pelo corto como Mario. No me gusta mucho el deporte, pero me gusta la música. Creo que soy una persona un poco sensible.)

Texto 4   ¿Cómo se dibuja un niño?

1 1) Para dibujar un niño,
hay que hacerlo con cariño.
2) Pintarle mucho flequillo,
–que esté comiendo un barquillo–;
muchas pecas en la cara
que se note que es un pillo;
3) Se ríe continuamente,
porque es muy inteligente.
4) Lleva pantalón vaquero
con un hermoso agujero;

2 Respuesta libre. (Por ejemplo: El niño es travieso, inteligente y contento, tiene una cara redonda y mucho flequillo, lleva unos pantalones vaqueros, una camiseta americana y unas botas de futbolista. ¡Qué lindo es este niño!)

3 Respuesta libre. (Por ejemplo: Si haces las cosas con cariño, te sientes feliz como un niño.)

Unidad 4 ───── (Estudios y crecimiento) ─────

Texto 1   ¿Qué seré?

1 constructor – edificio, abogado – ley, aviador – avión, agricultor – campo, soldado – guerra, investigador – ciencias, maestro – colegio

2 Respuesta libre. (Por ejemplo: Podrás ser aviadora, quizás soldado. Una buena abogada, o una buena doctora, tal vez maestra.)

3 Respuesta libre. (Por ejemplo: Creo que yo seré cocinera, porque siempre como mucho y también es un trabajo muy importante en todas partes y para todo el mundo.)

Texto 2   Rosarito quiere crecer

1 D

2 D

3 Respuesta libre. (Por ejemplo: Me siento más crecido cuando me preparo una cena, cuando gano dinero por primera vez...)

Texto 3   El caballerito

1 D

2 1) V
   2) F
   3) F
   4) V

3 Respuesta libre. (Por ejemplo: La mejor forma de respetar a las mujeres es considerarlas como personas de la misma fila que los hombres y creo que no es necesario llevarles la bandeja si prefieren hacerlo ellas mismas.)

Unidad 5 ——————— • (Virtudes) • ———————

Texto 1   Todos somos diferentes

1 1) Respuesta libre. (Por ejemplo: La niña es pelirroja. Tiene el pelo crespo y largo. El niño lleva el pelo corto y liso.)
   2) Respuesta libre. (Por ejemplo: La niña de la izquierda lleva lentes y es delgadita. La niña de la derecha es rubia y no lleva gafas.)

2 A, D

3 Respuesta libre. (Por ejemplo: Mi mejor amiga es muy alta. Habla más que yo y es muy deportista. Yo soy baja y más callada. Cuando ella habla, yo suelo escucharla y después le doy mi opinión.)

Texto 2   Ronda de los amigos

1 B

2 El ratón- quiere asustarme.
   La cuncuna- quiere volar.

El cartero- quiere dejarme noticias.

El remolino- quiere invitarme a girar.

El payaso- quiere alegrarme.

La nube- quiere llevarme a viajar.

3 Respuesta libre. (Por ejemplo: Pues podemos asustar al cartero con el ratón y vamos a volar con la cuncuna en la nube.)

Texto 3   Cultivo una rosa blanca

1   C

2   Respuesta libre. (Por ejemplo: mano generosa, acogedora y cariñosa)

3   Respuesta libre. (Por ejemplo: Creo que en este poema la rosa blanca representa la amistad, el amor y la tolerancia.)

Unidad 6 ———— • Cosas de la vida • ————

Texto 1   Hay cosas que no comprendo

1   1–c, 2–a, 3–d, 4–b

2   Intenta componer unos versos imitando el ejemplo:

1) La mesa tiene cuatro patas, pero no puede caminar.

2) El serrucho tiene muchos dientes, pero nunca se lava los dientes.

3) La montaña tiene falda, pero no usa enaguas.

4) El fósforo tiene una cabeza, pero no tiene cabello.

3   Respuesta libre. (Por ejemplo: Un diente de ajo es un segmento individual de una cabeza de ajo. El niño puede pensar: ¿por qué el ajo tiene dientes y no come?)

Texto 2   Lo que hay que ver

1   Respuesta libre.

Para qué sirven: Por ejemplo: Sirven para ver mejor las cosas.

Qué partes tienen: Tienen un par de lentes, una montura de plástico o de metal, un arco y un par de patillas.

2   Respuesta libre. (Por ejemplo: Un monóculo es un tipo de gafas que tiene solo un lente. Sirve para leer mejor. Tiene un soporte que se apoya en la nariz y también consta de una cadena para colgarlo cuando no lo usas.)

3   Respuesta libre. (Por ejemplo: gafas de sol, lentes de contacto...)

Texto 3   ¿Qué hay?

1   B, D

2 1) Espuma: Pero es puma.

2) Plátano: Plata no es.

3) Ola: O las ves llegar furiosas. O las ves mansas llegar.

4) Tela: Te la digo.

3 Respuesta libre. (Por ejemplo: Regalo silla. Es de color rosa y de plástico. Es pequeña y cómoda. Tiene un dibujo de frutas muy bonitas. Está en perfecto estado. Preguntar por Juanito: 333 250 888)

Texto 4 La ciudad, la plaza y la alcoba

1 1) V

2) F

3) V

4) F

5) F

2 El loro pide, gritando, que le saque alguien de la jaula.

3 Respuesta libre. (Por ejemplo: Si yo soy el loro, después de salir de la jaula, voy a volar por encima de la escalera para entrar en el patio. Voy a cantar un ratito allí y seguir volando hacia la calle para ver la bella ciudad.)

Unidad 7 ———— ¡A salir!

Texto 1 El encanto de mi ciudad

1 1) Calle Fantasía

2) Avenida Jazmín

3) Plaza Rosales

4) Avenida del Mar

2 A

3 Respuesta libre. (Por ejemplo: En mi país el uno de mayo también es fiesta. Es el Día Internacional de los Trabajadores. La gente tiene un día de fiesta y sale a la calle, de compras o de excursión.)

Texto 2 Un paseo al zoológico

1 1) El elefante

2) El león, el tigre y el leopardo

3) Los patos y los cisnes

4) La llama

5) Los monos

6) La zorra

2 D

③ Respuesta libre. (Por ejemplo: Mi animal favorito es el elefante. Los elefantes son enormes e inteligentes. Tienen una nariz muy larga y también tienen unos ojos grandes con una mirada muy tierna.)

Texto 3   Mírame y no me toques

① C

② A

③ Para evitar la tentación, lo mejor es poner las manos a la espalda.

Unidad 8 ——————— • Animales • ———————

Texto 1   Nos casamos y tenemos una casa

① 1) el Pingüino
2) la Pingüina
3) don Tiburón
4) doña Foca

② Respuesta libre. (Por ejemplo: Don Caballo de Mar, doña Salmonete, don Calamar, doña Langostina...)

③ peces – no hay paraguas
ciempiés – muchas puertas
jirafa – sin techo
pingüino – mucho frío
Respuesta libre para la descripción de la casa. (Por ejemplo: La jirafa tiene una casa sin techo para no tener que arrugar su cuello, porque tiene un cuello muy muy largo.)

Texto 2   ¡Voy a comérmelos a todos!

① Prenda 1: los pantalones
Prenda 2: el chaleco
Prenda 3: la chaqueta
Prenda 4: el sombrero

② Respuesta libre. (Por ejemplo:
Juguemos en el bosque
mientras la loba no está.
– ¿Loba estás?
– Me estoy poniendo la falda.

Juguemos en el bosque
mientras la loba no está.
– ¿Loba estás?
– Me estoy poniendo el collar.)

3 Respuesta libre. (Por ejemplo: ¿Lobo, lobo, qué hora es? Es la una. ¿Lobo, lobo, qué hora es? Son las dos...)

Texto 3   La tortuga que sueña

1 B

2 A

3 D

4 Respuesta libre. (Por ejemplo: En el sueño la tortuga canta con el perro. El perro le invita a cenar y después, los dos bailan con los mosquitos.)

Unidad 9 ——————— • Naturaleza • ———————

Texto 1   Treinta días trae noviembre

1 B

2 D

3 En verano hace calor, en invierno hace frío.

4 Respuesta libre. (Por ejemplo: En China, tenemos la costumbre de volar la cometa en primavera y nos pesamos al comienzo del verano para no perder peso durante el verano.)

Texto 2   Poemar

1 1) V
2) V
3) F

2 Respuesta libre. (Por ejemplo: 1) jamón 2) vida 3) calles 4) Mi pelo 5) Este mundo)

3 Respuesta libre. (Por ejemplo: La mar es solemne. La mar es generosa.)

Texto 3   La Tierra y la Luna

1 1) F
2) V
3) V

2 1) La Luna gira alrededor de la Tierra.
2) La Tierra da vueltas alrededor del Sol y recibe su luz y su calor.
3) El Sol ilumina la Luna.

3 Respuesta libre. (Por ejemplo: En nuestro planeta existen el día y la noche porque la Tierra no tiene luz propia y solo una parte del planeta puede estar iluminada por el Sol. Entonces la parte iluminada está de día y la otra parte que no recibe la luz del Sol está de noche.)

Texto 4   Los cuatro elementos

1 1) cambiante
2) viviente
3) girante
4) refrescante
5) devorante

2 Respuesta libre. (Por ejemplo: Mi padre es interesante, mi madre es importante, mi gato es durmiente, yo soy muy diferente.)

3 Respuesta libre. (Por ejemplo: Las necesidades y sensaciones del ser humano son cambiantes.)

Texto 5   La bella vida

1 B

2 B

3 una playa sin olas-sola, una guitarra sin cuerdas-muerta, un pajarito sin alpiste-triste, una semana sin días-vacía.

4 Respuesta libre. (Por ejemplo: La Tierra sin bosques sería como un hombre que no tiene pelo.)

Texto 6   ¡Achachay… qué frío!

1 el Polo Norte – oso polar, esquimales, plantas en flor, liebres y lobos
el Polo Sur – científicos y militares, pingüino, frío extremo

2 1) F
2) V
3) F
4) F

3 Respuesta libre. (Por ejemplo: Si tengo oportunidad de hacerlo, voy a visitar el Polo Sur porque me encantan los pingüinos.)